野菜たっぷり具だくさんの
主役スープ150

エダジュン

「スープ」と聞いて最初に思い浮かぶのは、
やはり実家のみそ汁。
子どもの頃、みそ汁のだしに使う
煮干しのはらわたをとる手伝いをしたことを思い出します。

小さな自分にとってはとてもめんどうな作業でしたが、
大人になり、だしの旨みを
身にしみて感じるようになった今では
あのときのひと手間の大切さを実感するようになりました。
今でも煮干しだしのみそ汁を食べると、
懐かしさに心も身体もホッとします。

20代のときに6年間勤めたスープ専門店では、
1年間の食事の半分以上がスープという生活でした。

桜が咲く春には
冬から目覚めた春野菜たっぷりのスープを味わい、
カンカン照りの夏には
スタミナが豊富なスープを食べて栄養をつける。
冬に向けて空気が澄み出す秋には
山の恵みが詰まったスープを求め、
寒い冬には
ほかほかのスープをすすって芯から温まる。

当時は不思議とまったく飽きず、
今でも季節や野菜によっていろいろな味に様変わりする
スープに魅了され続けています。

本書では、『主役スープ』というタイトルの通り、
みなさんの食卓のなかでメインになるような
スープレシピを考えました。

和風、洋風、中華や韓国、エスニック、
ポタージュとフルーツスープなどバラエティー豊富にし、
スープが余った際の簡単なアレンジレシピも含めた
全150レシピを紹介しています。
具がごろごろしたり、食感が楽しかったり、
野菜が多くて嬉しかったり。
肉や魚を余すことなく使っているので栄養も満点です。

スープを食べるたびに、
心のなかで「しみるー！」と幸せな気持ちになるのは
僕だけでしょうか。
みなさんにも、そんな瞬間がきっとあるはずです。
この本には、そんな気持ちにさせてくれるスープが
たくさん登場します。

難しいことは考えず、肩の力を抜いて
ぜひ気になるスープを作ってみてください。

エダジュン

もくじ

009　おいしいスープを作るポイント

1章 洋風スープ

012　アクアパッツァ風魚介スープ
　　　アレンジ▶アクアパッツァの洋風冷汁
014　ペペロンチーノ風あさりスープ
015　クラムチャウダー
016　牡蠣チャウダー
　　　アレンジ▶牡蠣のクリームパスタ
018　明太クリームスープ
　　　アレンジ▶明太クリームリゾット
020　ほたてとそら豆のクリームスープ
021　たことじゃがいもの
　　　ガリシア風トマト煮込みスープ
022　ミートボールのストロガノフ
024　鶏肉とセロリのレモンペッパースープ
025　鶏肉とカリフラワーのレモンクリームスープ
026　鶏肉ときのこのトマトシチュー
028　コンビーフと白菜の豆乳スープ
　　　アレンジ▶コンビーフの豆乳おじや
030　塩豚といんげん豆のハーブスープ
031　豚肉とまいたけのアンチョビバタースープ
032　豚肉とキャベツのガーリックバタースープ
033　照り焼きチキンのクリームスープ
034　煮込みハンバーグの
　　　ココナッツクリームスープ
　　　アレンジ▶グリーンカレー煮込みハンバーグ

036　なすとベーコンのラタトゥイユスープ
　　　アレンジ▶ラタトゥイユトマトカレー
038　チキンとズッキーニの
　　　バルサミコスープ
039　緑野菜と雑穀のスープ
040　キャベツのトマトカレースープ
042　鶏ひき肉とヤングコーンの
　　　ジェノバスープ
044　オニオントマトスープ
045　スペイン風にんにくスープ
046　ロールキャベツの煮込みスープ
047　ソーセージと温野菜の
　　　粒マスタードスープ
048　ポトフ風具だくさんスープ
　　　アレンジ▶ごろごろ具材の
　　　　　　　すりごまみそマヨサラダ
050　ほうれん草とチーズの
　　　カルボナーラ仕立てスープ
　　　アレンジ▶カルボナーラのスープパスタ
052　カマンベールチーズの
　　　オニオングラタンスープ
052　オニオンクリーミーポタージュ

054　**column 1**
　　　スープをおいしくする
　　　10のトッピング

2章 和風スープ

- 060 鶏そぼろと冬瓜の塩スープ
  アレンジ▶湯豆腐の鶏そぼろあんかけ
- 062 豚そぼろと高菜のピリ辛スープ
  アレンジ▶明太スープピリ辛おにぎり
- 064 鶏肉と根菜のしょうゆバタースープ
- 065 ささみと水菜のおろしポン酢スープ
- 066 豚肉ときのこの梅肉スープ
- 067 鶏肉とちりめんじゃこの花椒スープ
- 068 あじのすりごま冷製スープ
  アレンジ▶冷汁ごはん
- 070 さけといくらの粕汁
- 071 さばと餅の焦がしみそスープ
- 072 あさりとあおさの豆乳スープ
- 073 ツナと水菜の和風トマトスープ
- 074 オクラと長芋の黒酢和風スープ
  アレンジ▶春雨ネバネバ黒酢スープ
- 076 かぶとベーコンの白みそスープ
  アレンジ▶かぶの豆乳和風リゾット
- 078 ゆずと湯葉のすまし汁
- 079 きのこと山芋のすり流しスープ
- 080 揚げなすと切り干し大根の薬味スープ
- 080 焼きズッキーニとししとうのみそ汁
- 082 根菜とかつお節のミネストローネスープ
  アレンジ▶ミネストローネのショートパスタ
- 084 4種根菜のしょうがスープ
- 085 カリフラワーと里芋の煮っころがしスープ
- 086 とうもろこしとキャベツのみそバタースープ
  アレンジ▶とうもろこしとキャベツのコールスロー風サラダ
- 088 野菜たっぷり！ けんちん汁
- 089 揚げだし豆腐のゆずこしょうスープ
- 090 ミニトマトの冷やしおでん風スープ
- 091 春菊の豚汁スープ
- 092 小松菜としらすのゆず豆乳スープ
- 093 野沢菜とわさびのたらこスープ
- 094 ごぼうとれんこんのきんぴら風ピリ辛スープ
  アレンジ▶きんぴら風水餃子
- 096 塩麹鶏つくねのわかめスープ
- 097 豚しゃぶのみぞれスープ かぼす風味

- 098 **column 2**
  ライフスタイルに合わせてだしを楽しむ

005

3章 エスニックスープ

- *104* グリーンカレースープ
  アレンジ▶グリーンカレーグラタン
- *106* トムカーガイスープ
  アレンジ▶トムヤムリゾット
- *108* パクチー団子の柑橘スープ
- *109* 鶏肉とパクチーのライムスープ
- *110* レモングラスの手羽先スープ
  アレンジ▶レモングラス鶏飯
- *112* ゆずこしょうの
  グリーンカレースープ
  アレンジ▶カリカリチキンの
  　　　　グリーンカレーソース
- *114* 手羽元とさつまいもの
  レッドカレースープ
- *115* ルーロンハン風煮込みスープ
- *116* ゴーヤの肉詰めスープ
- *117* 豚肉とクレソンの山芋スープ
- *118* ガパオ風半熟卵のスープ
- *120* サルサ風ガスパチョ
- *121* タイハーブ香る、
  レタスとトマトのスープ
- *122* クミン香る、ポテトカレースープ
- *123* メキシコ風チリコンカンスープ
- *124* ディルとあさりのナンプラースープ
  アレンジ▶海鮮フォー
- *126* いかのブイヤベース風
  レッドカレースープ
- *126* しじみとパクチーのスープ
- *128* 桜えびとモロヘイヤの
  エスニックスープ
- *129* トムヤムみそスープ

- *130* **column 3**
  家庭で楽しむ
  エスニックの調味料

006

4章 中華、韓国スープ

- *134* ユッケジャンスープ
  アレンジ▶ユッケジャンクッパ
- *136* 牛そぼろとわかめのスープ
- *137* スンドゥブ
- *138* 鶏そぼろと根菜の韓国のりスープ
- *139* なすの黒ごま坦々スープ
- *140* 豚肉の具だくさん納豆スープ
- *141* しいたけとれんこんの肉詰めスープ
- *142* 手羽先のサンゲタンスープ
  アレンジ▶サンゲタン風おじや
- *144* 4種きのこの黒酢サンラータン
  アレンジ▶サンラータン卵おじや
- *146* 麻婆肉豆腐のコク辛スープ
  アレンジ▶焼きおにぎりの
  　　　　麻婆スープがけ
- *148* 四川風坦々春雨スープ
- *149* 台湾風薬膳そぼろスープ
- *150* 鶏肉とトマトの塩麹サンラータン
- *151* 蒸し鶏と豆苗のねぎ塩スープ
- *152* パクチーえびワンタンスープ
  アレンジ▶えびワンタンラーメン
- *154* ささみときゅうりの花椒スープ
- *155* 砂肝とザーサイの中華風スープ
- *156* 魚介とチンゲン菜のあんかけスープ
- *158* かにのかき玉スープ
- *159* 台湾風豆乳スープ
- *160* たらと明太子のチゲバタースープ
- *161* さばのカムジャタンスープ
- *162* 桜えびととろろ昆布の
  　　 すりごまチゲスープ
- *163* 春菊ときのこのトマトチゲスープ
- *164* チョリソーと白菜の
  　　 プデチゲ風スープ
  アレンジ▶プデチゲ風ラーメン

007

5章 ポタージュとフルーツスープ

- *168* 3種きのこの和風チャウダー
  アレンジ▶3種きのこの和風パスタ
- *170* パクチーの根っこポタージュ
- *171* 枝豆と里芋の冷製ポタージュ
- *172* カリフラワーとゴルゴンゾーラのポタージュ
  アレンジ▶カリフラワーと
  　　　　ゴルゴンゾーラのリゾット
- *174* えびトマトクリームポタージュ
  アレンジ▶えびトマトクリームパスタ
- *176* ほうれん草のポテトポタージュ
- *177* さつまいもとコーンのポタージュ
- *178* 栗とひよこ豆のポタージュ
- *179* かぼちゃとクリームチーズのポタージュ
- *180* マスカットとキウイのスープ
- *181* いちごとヨーグルトのスープ
- *181* 桃とバジルの冷製スープ
- *182* 無花果ポタージュ
- *183* スイカとトマトのスープ
- *183* パイナップルとパクチーのスープ
- *184* 素材別index

本書の決まりごと

分量の表記について
- 小さじ1は5ml、大さじ1は15mlです。
- 少量の調味料の分量は「少々」としています。親指と人差し指でつまんだ量です。
- 「適量」はちょうどよい分量を、お好みで加減してください。

調味料、食材について
- バターは無塩バターを使用しています。
- オリーブオイルはエキストラバージンオリーブオイルを使用しています。
- 調味料類は、特に指定のない場合、みそは合わせみそ、しょうゆは濃口しょうゆ、砂糖は上白糖を使用しています。
- 野菜類は、特に指定のない場合は洗う、むくなどの作業をすませてから手順を説明しています。

使用する機器について
- この本ではオーブンレンジを使用しています。機種やメーカーによって、温度、加熱時間が変わりますので、表記の時間は目安にして、様子をみながら調整してください。
- 電子レンジの加熱時間は600Wのものを使用した場合の目安です。500Wなら1.2倍を目安に、時間を調整してください。
- フライパンはフッ素樹脂加工のものを使用しています。

保存について
- 冷凍庫の性能や保存環境で保存状態は異なります。保存期間はあくまで目安と考え、早めに食べきりましょう。

カロリーについて
- カロリーは、総カロリーを多いほうの人数で割り、1人当たりの基準として掲載しています。

おいしいスープを作るポイント

野菜の調理の特徴を捉えて、おいしいスープを作りましょう。
このひと手間で、スープのおいしさがワンランクアップ。

野菜の表面にうっすら焼き色がつくまで炒める。

野菜のなかでも、特に根菜や香味野菜は、オイルをひいた鍋でじっくりと焼きましょう。表面に焼き色がつくまで炒めると、野菜の甘みとコクを引き出すことができ、スープに深みが出ます。

野菜の煮込みは弱火でじっくりと時間をかけて。

火が強いと煮崩れしやすく、食感のないスープになってしまうので、野菜を煮込むときは基本的に「弱火」が原則です。時間をかけてじっくり煮込むことで、野菜の旨みをスープになじませます。

葉野菜はさっと煮るだけで十分おいしい。

葉野菜はじっくり煮込むとしなしなになり、スープにえぐみが出てしまうため、手早くさっと火を通して食感のよいスープにします。生で食べられる野菜はトッピングして、サラダ感覚で食べても。

満足感がアップする食材の切り方バリエーション

角切り

小さめの角切りは歯ごたえが残りながらも食べやすく、いろいろな野菜の味を楽しめます。角切りにする際は、野菜の大きさを統一しましょう。
(P.082 根菜とかつお節のミネストローネスープなど)

乱切り

一口大の乱切りは、切り口の面が広いので味が染み込みやすく、煮崩れしにくいのがいいところ。食材のごろごろ感を楽しみたいときにおすすめ。
(P.060 鶏そぼろと冬瓜の塩スープなど)

ざく切り

葉野菜はスープのなかで存在感が出るため、食感がよく残る3〜4cm幅の食べやすい大きさのざく切りにすると食べごたえがあります。
(P.151 蒸し鶏と豆苗のねぎ塩スープなど)

厚切り

メインの具材はボリュームのある厚切りにして存在感を出し、見た目も華やかに。ナイフで切り分けて、"食べるスープ"として楽しみましょう。
(P.122 クミン香る、ポテトカレースープなど)

1章
洋風スープ

肉、魚、野菜と具だくさんで彩りが豊かなごちそうスープです。
クリーム系やトマト系などレパートリーがたくさんあり、
普段の食卓にも、おもてなしの際にもぴったり。
カリッと焼いたバゲットやパンと一緒に食べるのもおすすめです。

アクアパッツァ風魚介スープ

1人当たり 231 kcal

材料（2〜3人分）

たい（ほかの白身魚でも可）
　…1尾
あさり…200g
ミニトマト…8個
にんにく…2片（12g）
レモン…1個
アンチョビフィレ…4本
ワイン（白）…200ml
水…400ml
塩、粗挽き黒こしょう
　…各小さじ1/4
オリーブオイル…大さじ2

作り方

1　たいは、うろこ、エラ、内臓を取り除いて水でしっかりと洗う。塩（分量外）を全体にふりかけて20分ほどおき、水けをとる。

2　あさりの砂抜きをする。バットにあさりを並べて、あさりがかぶるくらいまで塩水（水500mlに対し、塩15gの割合）を注ぎ入れる。新聞紙などをかぶせて3時間ほどおき、水（分量外）で殻同士をこすりながらしっかり洗う。

3　ミニトマトはヘタを取る。にんにくはみじん切りにする。レモンは2mm幅の輪切りにする。

4　鍋にオリーブオイルをひき、1のたいの両面に焼き色がつくまで中火で焼く。弱火にして3のにんにく、アンチョビフィレを入れ、ヘラなどでつぶしながらなじませる。

5　4に2のあさり、ワインを入れて、一度沸騰させたら弱火にする。水を入れてフタをし、10分ほど煮込む。ときどきスプーンなどで煮汁をたいの表面にかける。

6　3のミニトマト、レモンを入れてさらに5分ほど煮込み、塩と粗挽き黒こしょうで味つけする。

アクアパッツァの洋風冷汁

材料（1人分）

アクアパッツァ風
　魚介スープ…200ml
冷や飯…50g
バジル（乾燥）…適量

作り方

1　スープからたいを取り出して身をほぐす。あさりは殻から身を取る。スープの汁と合わせ、ボウルに入れてラップをし、冷蔵庫で2時間ほど冷やす。冷や飯と合わせて器によそい、バジルをふりかける。

魚介の旨みがたっぷり染み込んだスープです。食べるスープとしてはもちろん、おもてなしやパーティーにもぴったりなメニューです。フライパンでも作れるので、器に盛らずにそのまま食卓へサーブしても。

ペペロンチーノ風あさりスープ

1人当たり 154 kcal

材料（2〜3人分）

- あさり… 300g
- キャベツ… 葉2枚（100g）
- 赤とうがらし… 2本
- にんにく… 2片（12g）
- しょうが… 1片（6g）
- 鶏だし（P.099参照）… 400ml
- ワイン（白）… 100ml
- 塩、粗挽き黒こしょう… 各少々
- オリーブオイル… 大さじ2

作り方

1. あさりの砂抜きをする。バットにあさりを並べて、あさりがかぶるくらいまで塩水（水500mlに対し、塩15gの割合）を注ぎ入れる。新聞紙などをかぶせて3時間ほどおき、水（分量外）で殻同士をこすりながらしっかり洗う。
2. キャベツは4cm幅に切る。赤とうがらしは種を取り除いて輪切りにする。にんにくとしょうがはそれぞれみじん切りにする。
3. 鍋にオリーブオイルをひき、2の赤とうがらし、にんにく、しょうがを弱火で炒める。にんにくの香りがたってきたら、1のあさり、2のキャベツを入れて中火で1分ほど炒める。ワインを加え、フタをして5分ほど煮込む。
4. あさりの口が開いたら鶏だしを入れて温め、塩と粗挽き黒こしょうで味をととのえる。

料理メモ あさりは白ワインで一度蒸し焼きにすると、旨みが引き出されます。魚介の臭み取りの役割もあります。

クラムチャウダー

1人当たり 397 kcal

材料（2〜3人分）

あさり… 300g

A
- ベーコン（ブロック）… 50g
- じゃがいも… 2個(200g)
- 玉ねぎ… 1/4個(50g)
- セロリ… 1/2本(50g)

野菜だし（P.100参照）… 500ml
ワイン（白）… 100ml
生クリーム… 100ml
塩… 小さじ1/4
白こしょう… 少々
薄力粉… 大さじ1
バター… 20g

作り方

1. あさりの砂抜きをする。バットにあさりを並べて、あさりがかぶるくらいまで塩水（水500mlに対し、塩15gの割合）を注ぎ入れる。新聞紙などをかぶせて3時間ほどおき、水（分量外）で殻同士をこすりながらしっかり洗う。
2. Aはそれぞれ5mm角に切る。
3. フライパンに1のあさり、ワインを入れて5分ほど中火で煮込み、あさりの口が開いたら身と煮汁を取って殻を捨てる。
4. 鍋にバターをひき、2を中火で炒める。ベーコンの表面に焼き色がつき、野菜がしんなりとしたら、野菜だしを入れてフタをし、10分ほど中火で煮込む。
5. 4に3のあさりの身と煮汁、生クリームを入れて3分ほど弱火で煮込み、塩と白こしょうで味をととのえる。茶漉し器などに薄力粉を入れて鍋全体にゆっくりとまぶし、とろみをつける。

 料理メモ　あさりはむき身や缶詰でも代用可ですが、殻つきから身をほぐして作るひと手間が旨みをより強くします。

牡蠣チャウダー

1人当たり 301 kcal

材料（2〜3人分）

牡蠣（むき身）… 250g

A ｜ じゃがいも… 1個(100g)
　｜ 玉ねぎ… 1/4個(50g)
　｜ セロリ… 1/2本(50g)
　｜ にんじん… 1/3本(50g)

野菜だし（P.100参照）… 200ml
ワイン（白）… 50ml
牛乳… 300ml
生クリーム… 50ml
オイスターソース… 小さじ2
塩… 小さじ1/4
粗挽き黒こしょう… 少々
ディル（葉）… 適量
バター… 20g

作り方

1. ボウルに牡蠣と塩小さじ1（分量外）を入れて手でやさしくもみ込み、流水で洗う。ペーパータオルで牡蠣の表面をやさしく拭く。鍋に牡蠣、ワインを入れてひと煮立ちさせ、ふっくらとしてきたら火をとめて牡蠣を取り出す。煮汁は捨てずにとっておく。
2. Aはそれぞれ1cm角に切る。
3. 鍋にバターをひき、2を中火で7〜8分ほど炒める。野菜がしんなりとしてきたら野菜だしを入れ、フタをし弱火で10分ほど煮込む。
4. 3に牛乳を入れて、湯気が立つまで温めたら、生クリーム、1の牡蠣と牡蠣の煮汁を入れて弱火で1分ほど煮る。オイスターソースと塩で味をととのえ、器にスープを盛る。粗挽き黒こしょうをふりかけて、ディルを添える。

アレンジ

牡蠣のクリームパスタ

材料（1人分）

牡蠣チャウダー… 300ml
スパゲッティ（乾麺）… 80g
パルメザンチーズ（粉末）… 小さじ2
粗挽き黒こしょう… 適量

作り方

1. 鍋にスープを入れて、弱火で温める。
2. スパゲッティは表示規定時間より1分ほど早くゆでてザルにあげ、水けをきる。
3. 1に2を入れて1分ほど温めながらパルメザンチーズを加えてとろみをつける。粗挽き黒こしょうで味をととのえて、器に盛る。

料理メモ 牡蠣は煮込みすぎると固くなるため、表面がふっくらとしてきたら、すぐに火をとめましょう。牡蠣に含まれるタウリンには、肝臓機能を向上させる働きがあります。脂肪肝の予防も期待できます。

明太クリームスープ

1人当たり 247 kcal

材料（2〜3人分）

明太子… 1腹(80g)
じゃがいも… 2個(200g)
ブロッコリー… 1/2株(80g)
小ねぎ… 2本
野菜だし(P.100参照)… 300ml
牛乳… 200ml
生クリーム… 50ml
めんつゆ(3倍濃縮)… 大さじ1
粗挽き黒こしょう… 少々
バター… 10g

作り方

1. 明太子は皮から身を取り出す。じゃがいもは皮をむいて4等分に切り、使うまで水をはったボウルにつけておく。ブロッコリーは小房に分ける。ねぎは小口切りにする。
2. 鍋にバターをひき、**1**のじゃがいもを中火で炒める。じゃがいもの表面に薄く焼き色がついたら、野菜だし、**1**のブロッコリーを入れて弱火で5分ほど煮込む。
3. **2**に牛乳を入れて沸騰しないように弱火で温め、生クリーム、めんつゆを加えて粗挽き黒こしょうで味をととのえる。
4. **3**が温まったら、**1**の明太子をスープに溶きほぐしてすぐに火をとめる。器にスープを盛って、**1**のねぎを添える。

アレンジ

明太クリームリゾット

材料（1人分）

明太クリームスープ… 200ml
温かいごはん… 50g
ピザ用チーズ(とろけるタイプ)… 10g
塩、粗挽き黒こしょう… 各少々

作り方

1. 鍋にスープ、ごはん、ピザ用チーズを入れて、ごはんにスープがなじむまで弱火で3〜5分ほど煮込む。途中で塩を加えて味をととのえる。
2. **1**を器に盛り、粗挽き黒こしょうをふりかける。

 料理メモ　大きめに切った食べごたえのある野菜と、明太子のつぶつぶ食感が味わえる一品です。明太子は火を通しすぎると口触りが悪くなるので、スープに溶きほぐしたらすぐに火をとめましょう。

ほたてとそら豆のクリームスープ

1人当たり
177 kcal

材料（2〜3人分）

ほたて缶（水煮）…1缶（約120g）
そら豆（冷凍）…50g
白菜…葉2枚（140g）
A │ 干し貝柱…2個
　│ 水…200ml
牛乳…300ml
鶏がらスープの素（顆粒）…小さじ2
塩、白こしょう…各少々
オリーブオイル…小さじ2

作り方

1 そら豆は常温に戻す。白菜は3cm幅に切る。ボウルにAを合わせて一晩おいて戻し、貝柱の身をほぐす。戻し汁は捨てずにとっておく。

2 鍋にオリーブオイルをひき、1の白菜を中火で炒める。白菜がしんなりとしたらほたて缶を汁ごと入れ、さらに1のそら豆、貝柱の身と戻し汁を入れて10分ほど煮込む。

3 2に牛乳、鶏がらスープの素を入れて弱火で煮込み、塩と白こしょうで味をととのえる。

料理メモ　干し貝柱には旨み成分が豊富に含まれているため、身をほぐして使うとスープ全体に旨みが広がります。

たことじゃがいものガリシア風トマト煮込みスープ

1人当たり
156 kcal

材料（2〜3人分）

たこ（ボイル）… 150g
じゃがいも… 1個(100g)
オリーブ（黒・種なし）… 6個
セロリ… 1/2本(50g)
玉ねぎ… 1/4個(50g)
にんにく、しょうが… 各1片(6g)
アンチョビフィレ… 2本
トマト缶（カット）… 1/2缶(200ml)
野菜だし（P.100参照）… 400ml
塩… 小さじ1/4
粗挽き黒こしょう… 少々
オリーブオイル… 大さじ1

作り方

1. たこは一口大に切る。じゃがいもは1.5cm角に切る。オリーブは縦半分に切る。セロリは2mm幅の斜め切りにする。玉ねぎ、にんにく、しょうが、アンチョビフィレはそれぞれみじん切りにする。
2. 鍋にオリーブオイルをひき、1のにんにく、しょうが、アンチョビフィレを弱火で炒める。にんにくの香りがたってきたら、セロリと玉ねぎを入れて中火で炒める。
3. 玉ねぎがしんなりとしたら、トマト缶、野菜だし、1のじゃがいもを入れてフタをし、弱火で10分ほど煮込む。
4. 3に1のたことオリーブを入れて3分ほど煮込み、塩と粗挽き黒こしょうで味をととのえる。

※冷凍で1〜2週間保存可能。

 料理メモ　アンチョビフィレとはカタクチイワシを発酵させて熟成させたもの。少量加えるだけで上品な味わいに。

ミートボールのストロガノフ

1人当たり
379
kcal

材料（2〜3人分）

牛豚合挽き肉… 100g

玉ねぎ… 1/4個（50g）

A
溶き卵… 1/2個分
パン粉… 大さじ1
牛乳… 大さじ1
塩、粗挽き黒こしょう
…各少々

野菜だし（P.100参照）… 300ml

薄力粉… 大さじ2

デミグラスソース
… 1/2缶（200ml）

ケチャップ… 大さじ1

ワイン（赤）… 大さじ2

生クリーム… 50ml

サワークリーム… 50g

オリーブオイル… 大さじ1

イタリアンパセリ… 適量

作り方

1 玉ねぎはみじん切りにする。ボウルに合挽き肉、みじん切りにした玉ねぎ、Aを入れて、粘りけが出るまで混ぜる。一口大の丸型に成形し、表面に薄力粉を薄くまぶす。

2 フライパンにオリーブオイルをひき、**1**を並べて、ときどき転がしながら中火で両面に焼き色をつける。

3 鍋に野菜だし、デミグラスソース、ケチャップを入れて中火で温める。沸騰寸前で弱火にし、**2**のミートボール、ワインを入れ、フタをして10分ほど煮込む。

4 **3**に生クリーム、サワークリームを加えて全体を混ぜる。サワークリームは盛りつけ用に少し残しておく。

5 器にスープを盛り、**4**の残りのサワークリームをのせて、イタリアンパセリを添える。

料理メモ ミートボールは最初に表面を焼いて煮崩れを防止。焼くことで肉の香ばしいおいしさを引き出します。サワークリームを入れるとスープに深い酸味が加わり、味を印象づけます。

鶏肉とセロリの
レモンペッパースープ

1人当たり **139** kcal

材料（2〜3人分）

鶏もも肉…1/2枚（約130g）
レタス…葉4枚（80g）
セロリ…1/2本（50g）
鶏だし（P.099参照）…500ml
酒…大さじ1
レモン汁…大さじ1と1/2
塩…小さじ1/4
粗挽き黒こしょう…小さじ1/2
オリーブオイル…小さじ2
レモン（1/16のくし切りの半分）…適量

作り方

1. 鶏肉は1.5cm角に切る。レタスは4cm幅に切る。セロリは5mm幅の斜め切りにする。

2. 鍋にオリーブオイルをひき、1の鶏肉を中火で炒めて塩と粗挽き黒こしょう小さじ1/4で味つけし、両面に焼き色がつくまで炒める。

3. 2に鶏だしと酒を入れて沸騰寸前で弱火にし、1のセロリ、レモン汁を入れる。アクが出てきたら、そのつどすくう。

4. 3に1のレタスを入れて1分ほどさっと煮る。器にスープを盛り、残りの粗挽き黒こしょうをふりかけてレモンを添える。

 料理メモ　レタスは最後にさっと煮込んで、葉っぱのシャキシャキ感を残したほうが食べごたえが出ます。

鶏肉とカリフラワーの
レモンクリームスープ

1人当たり
212 kcal

材料（2〜3人分）

鶏もも肉…1/2枚（約130g）
カリフラワー…1/3個（140g）
玉ねぎ…1/4個（50g）
セロリ…1/2本（50g）
にんにく、しょうが…各1片（6g）
鶏だし（P.099参照）…300ml
牛乳…300ml
レモン汁…大さじ1
塩…小さじ1/4
粗挽き黒こしょう…少々
オリーブオイル…小さじ2
レモン（2mm幅の薄切り）…2〜3枚

作り方

1 鶏肉は一口大に切る。カリフラワーは小房に分ける。玉ねぎ、セロリ、にんにく、しょうがはそれぞれみじん切りにする。

2 鍋にオリーブオイルをひき、1のにんにくとしょうがを弱火で炒める。にんにくの香りがたってきたら、1の玉ねぎとセロリを入れて、くたくたになるまで弱火で8〜10分ほど炒める。

3 2に1の鶏肉を入れて中火で焼き、鶏肉の表面に焼き色がついたら1のカリフラワー、鶏だしを入れ、フタをして10分ほど煮込む。アクが出てきたら、そのつどすくう。

4 3に牛乳をゆっくりと注ぎ入れ、弱火で温めながら塩と粗挽き黒こしょうで味をととのえてレモン汁を加える。

5 器にスープを盛り、薄切りにしたレモンを添える。

 カリフラワーにはレモン同様にビタミンCが含まれており、免疫力アップや美肌効果が期待できます。

鶏肉ときのこのトマトシチュー

1人当たり
450 kcal

材料（2〜3人分）

鶏もも肉…1枚（250g）

マッシュルーム（ブラウン）…4個

しめじ…1/2パック（50g）

玉ねぎ…1/4個（50g）

にんにく…1片（6g）

A | 塩、粗挽き黒こしょう
  | …各小さじ1/4

薄力粉…大さじ1

野菜だし（P.100参照）…400ml

トマトピューレ…200ml

生クリーム…100ml

バター…20g

B | 塩、粗挽き黒こしょう…各少々

イタリアンパセリ…適量

オリーブオイル…小さじ2

作り方

1 鶏肉は一口大に切り、Aをもみ込んで10分ほどおき、薄力粉を全体に薄くまぶす。

2 マッシュルームは水で湿らせた布巾で表面の汚れをふき、縦1/2に切る。しめじは石づきを切り、小房に分ける。玉ねぎとにんにくはそれぞれみじん切りにする。

3 鍋にオリーブオイルをひき、1の鶏肉を入れて両面に焼き色がつくまで炒め、いったん取り出す。同じ鍋に2の玉ねぎとにんにくを入れて、玉ねぎがしんなりとするまで中火で炒める。

4 3に野菜だし、トマトピューレ、2のマッシュルームとしめじを入れて弱火で5分ほど煮込む。

5 4に生クリームとバターを加えて溶き、弱火で温めながら3の鶏肉を鍋に戻す。全体が温まったら器にスープを盛り、Bをふりかけてイタリアンパセリを添える。

料理メモ　鶏肉に下味をつけてから薄力粉をまぶし、肉の旨みを閉じ込めた状態で焼くと、スープの味わいとジューシーな肉汁を一緒に味わえます。生クリームとバターでコクを出します。

コンビーフと白菜の豆乳スープ

1人当たり 153 kcal

材料（2〜3人分）

コンビーフ…1缶（約100g）
白菜…葉4枚（280g）
野菜だし（P.100参照）…200ml
ワイン（白）…大さじ2
豆乳（無調整）…400ml
粗挽き黒こしょう…少々

作り方

1 コンビーフは缶から取り出して、ほぐす。白菜は6cm幅に切る。

2 鍋に白菜→コンビーフ→白菜の順に、ミルフィーユ状になるように重ねて入れる。野菜だし、ワインを入れてフタをし、弱火で10分ほど煮込む。

3 2に豆乳を回し入れて沸騰させない状態で温め、表面に湯気が出てきたら火をとめて、粗挽き黒こしょうをふりかける。

 アレンジ

コンビーフの豆乳おじや

材料（1人分）

コンビーフと白菜の
　豆乳スープ（具はコンビーフ
　のみ使用）…200ml
温かいごはん…50g
しょうゆ…小さじ1

作り方

1 鍋にスープの汁と具のコンビーフ、ごはんを入れる。ごはんにスープがなじむまで弱火で温める。しょうゆを加えて味をととのえ、器に盛る。

 料理メモ　コンビーフの塩味と、豆乳のあっさりとした味わいがバランスのよいスープです。コンビーフ→白菜の順で重ねて煮ることで、白菜にもコンビーフの旨みが染み込みます。

塩豚といんげん豆のハーブスープ

1人当たり
349 kcal

材料（2～3人分）

- 豚ロース肉かたまり…300g
- 白いんげん豆（水煮）…200g
- キャベツ…葉2枚（100g）
- にんにく…1片（6g）
- 野菜だし（P.100参照）…600ml
- 砂糖…小さじ2
- 粗挽き黒こしょう…小さじ1
- 塩麹…大さじ2
- ワイン（白）…大さじ2
- ローズマリー…2枝
- ローリエ…2枚

作り方

1. 塩豚を作る。豚肉は3cm厚さに切り、砂糖と粗挽き黒こしょうを肉全体にしっかりともみ込む。塩麹とローズマリーを混ぜ合わせてさらにもみ込み、チャックつき保存袋に入れて一晩漬ける。
2. いんげん豆は水けをきる。キャベツは4cm幅に切る。にんにくは包丁の背を使って押しつぶす。
3. 鍋に野菜だし、1の塩豚（漬け汁も一緒に入れる）、2のにんにく、ワイン、ローリエを入れて、フタを少しずらして弱火で40分ほど煮込む。アクが出てきたら、そのつどすくう。
4. 3に2のいんげん豆とキャベツを入れて、さらに3分ほど煮込む。

※冷凍で1～2週間保存可能。

 料理メモ　豚ロース肉はきめ細かく、やわらかな肉質が特徴。塩麹で一晩漬けると、ほろほろほどける食感に。

豚肉とまいたけの
アンチョビバタースープ

1人当たり
242 kcal

材料（2〜3人分）

豚バラ肉…120g
キャベツ…葉3枚（150g）
まいたけ…1/2パック（50g）
にんにく…1片（6g）
アンチョビフィレ…4本
野菜だし（P.100参照）…500ml
レモン汁…大さじ1
塩、粗挽き黒こしょう…少々
バター…10g
オリーブオイル…小さじ2

作り方

1 豚肉は4cm幅に切る。キャベツは3cm幅に切る。まいたけは石づきを切り、手で小房に分ける。にんにくとアンチョビフィレはそれぞれみじん切りにする。

2 鍋にオリーブオイルをひき、1のにんにくとアンチョビフィレを弱火で炒める。にんにくの香りがたってきたら、1のキャベツとまいたけを入れて1分ほどさっと炒め、野菜だしを入れて中火で温める。

3 2を沸騰寸前で弱火にし、1の豚肉を1枚ずつ入れる。アクが出てきたら、そのつどすくう。レモン汁、塩で味をととのえて器にスープを盛り、バターを添えて粗挽き黒こしょうをふりかける。

料理メモ まいたけはβ-グルカンが豊富で、がん予防や血圧・コレステロール値を下げる効果が期待できます。

031

豚肉とキャベツの
ガーリックバタースープ

1人当たり
186 kcal

材料（2〜3人分）

豚バラ肉… 100g

キャベツ… 葉2枚(100g)

にんにく… 1片(6g)

野菜だし(P.100参照)… 400ml

酒… 大さじ2

塩… 小さじ1/4

粗挽き黒こしょう… 小さじ1/4

バター… 10g

作り方

1 豚肉とキャベツはそれぞれ4cm幅に切る。にんにくは縦半分に切り、芽を取って薄切りにする。

2 鍋にキャベツ→豚肉→にんにくの順に入れて、酒と塩を全体にふりかけて弱火にかける。フタをし、5分ほど煮込んだら、フタをあけて野菜だしを入れて中火で温める。

3 沸騰寸前で弱火にし、粗挽き黒こしょうをふりかける。アクが出てきたら、そのつどすくう。

4 器にスープを盛り、バターを添える。

 キャベツ→豚肉→にんにくの順に重ねて蒸し焼きすることで、キャベツの水分や甘みを引き出します。

照り焼きチキンのクリームスープ

1人当たり 468 kcal

材料（2〜3人分）

鶏もも肉…1枚（250g）
ベーコン（ブロック）…50g
マッシュルーム（白）…4個
玉ねぎ…1/4個（50g）
にんにく…1片（6g）
A ｜ はちみつ、しょうゆ…各大さじ2
　 ｜ ワイン（白）…大さじ1
鶏だし（P.099参照）…400ml
塩…小さじ1/4
生クリーム…50ml
ワイン（白）…大さじ3
バター…20g
オリーブオイル…小さじ2

作り方

1. にんにくはすりおろす。Aは合わせておく。鶏肉の表面にフォークで数カ所穴をあけて塩、にんにく、Aをもみ込み、チャックつき保存袋に入れて、冷蔵庫で2時間以上漬け込む（時間があれば一晩漬け込むとさらにおいしい）。

2. ベーコンは5mm角に切る。マッシュルームと玉ねぎはそれぞれ2mm幅の薄切りにする。

3. 鍋にバターをひき、2の玉ねぎを中火で炒める。しんなりとしたらベーコンを入れて表面に焼き色がつくまで炒める。さらにマッシュルームを入れて1分ほどさっと炒める。

4. 3にワインを入れて強火でアルコールを飛ばし、鶏だしを入れて中火で5分、生クリームを加えて弱火で3分煮込む。

5. フライパンにオリーブオイルをひき、1の皮面を下にして焼き、ひっくり返して両面にこんがりと焼き色がつくまで焼く。取り出して食べやすい大きさに切る。器に盛って、4を注ぐ。

 料理メモ　鶏肉は塩とにんにくをもみ込んだあとにAのタレで漬け込むと、味がより染み込みやすいです。

煮込みハンバーグの
ココナッツクリームスープ

1人当たり
511 kcal

材料（2〜3人分）

牛豚合挽き肉…200g
玉ねぎ…1/2個（100g）

A
| 溶き卵…1/2個分
| パン粉…大さじ3
| ナツメグ…少々
| 塩…小さじ1/4
| 粗挽き黒こしょう…少々

B
| ココナッツミルク…1缶（400ml）
| コンソメスープの素
|　　（顆粒）…小さじ2

バター…10g／20g
オリーブオイル…小さじ2
パセリ（乾燥）…適量

作り方

1 玉ねぎはみじん切りにする。Bは合わせておく。フライパンにバター10gを溶かし、玉ねぎを入れてしんなりとするまで中火で炒める。バットなどにあげて、人肌くらいになるまで冷ます。

2 ボウルに合挽き肉、1の玉ねぎ、Aの溶き卵、パン粉、ナツメグを入れて、粘りけが出るまで混ぜる。Aの塩と粗挽き黒こしょうで味つけし、タネを3等分にする。両手でキャッチボールをするように7往復して、タネの空気を抜く。

3 フライパンにオリーブオイルをひき、2のハンバーグの両面に焼き色がつくまで中火で焼く。

4 鍋にバター20gを溶かし、Bを入れて弱火で温める。少しとろみがついてきたら3のハンバーグを入れて、弱火で5分ほど煮込む。火をとめてパセリをふりかける。

アレンジ

グリーンカレー
煮込みハンバーグ

材料（1人分）

煮込みハンバーグのココナッツクリームスープ
　…スープ200mlとハンバーグ1個
グリーンカレーペースト（市販）…小さじ1
パクチー…適量

作り方

1 鍋でスープを温め、グリーンカレーペーストを溶く。ハンバーグを入れてスープとからめる。

2 器にハンバーグを移して1のスープをかけ、パクチーを添える。

料理メモ　ココナッツミルクの濃厚なコクと、ハンバーグのジューシーな旨みが相性抜群！　ハンバーグの断面にスープをからめて食べると絶品です。米やパンはもちろん、残ったスープにショートパスタを合わせても。

なすとベーコンの
ラタトゥイユスープ

1人当たり
207 kcal

材料（2〜3人分）

なす…1本
ベーコン（ブロック）…80g
ズッキーニ…1/2本
パプリカ（赤）…1/2個
にんにく…1片（6g）
野菜だし（P.100参照）…200ml
トマト缶（カット）…1缶（400ml）
みそ…大さじ1
塩、粗挽き黒こしょう…各少々
オリーブオイル…大さじ1

作り方

1 なすはヘタを取り、小さめの乱切りにする。ベーコンは5mm角に切る。ズッキーニ、パプリカはそれぞれ小さめの乱切りにする。にんにくはみじん切りにする。

2 鍋にオリーブオイルをひき、1のにんにくを弱火で炒める。にんにくの香りがたってきたら残りの1を入れて中火で炒め、ベーコンの表面に焼き色がついたら野菜だしを入れる。フタをして弱火で5分煮込み、トマト缶を入れてさらに5分ほど煮込む。

3 2にみそを溶き、塩と粗挽き黒こしょうをふりかける。

※冷凍で1〜2週間保存可能。

アレンジ

ラタトゥイユトマトカレー

材料（1人分）

なすとベーコンの
　ラタトゥイユスープ…600ml
カレールー（固形）…2片
温かいごはん…適量

作り方

1 鍋でスープを弱火で温め、カレールーを溶いてスープとなじませる。

2 器にごはんをよそい、1をかける。

料理メモ　大きめに切った具材のごろごろ感を楽しめるスープです。なすやズッキーニは、煮込めば煮込むほどスープの味を吸っておいしくなります。くたくたの状態になっても、もちろんおいしさは変わりません。

チキンとズッキーニの
バルサミコスープ

1人当たり 253 kcal

材料（2〜3人分）

鶏もも肉…1枚(250g)

ズッキーニ…1本

玉ねぎ…1/2個(100g)

ミニトマト…4個

オクラ…2本

鶏だし(P.099参照)…500ml

A ┃ バルサミコ酢…大さじ2
　┃ しょうゆ…小さじ2
　┃ きび砂糖…小さじ2

塩…小さじ1/4

オリーブオイル…小さじ2

作り方

1. 鶏肉は1.5cm角に切る。ズッキーニは1cm幅の輪切りにする。玉ねぎは1cm厚さのくし切りにする。ミニトマトはヘタを取る。オクラは塩少々(分量外)をふりかけてまな板にこすりつけ、産毛が取れたら水洗いをして斜め切りにする。

2. 鍋にオリーブオイルをひき、1の鶏肉を中火で炒める。鶏肉の表面が白っぽくなるまで炒めたら、ズッキーニ、玉ねぎ、塩を入れて玉ねぎがしんなりするまで炒める。

3. 2に鶏だしを入れて8分ほど煮込み、1のミニトマト、オクラ、Aを入れて味をととのえ、弱火で温める。

 ズッキーニは油との相性がよく、一緒に炒めるとカロテンの吸収率が上がり風邪予防や免疫力アップに。

緑野菜と雑穀のスープ

1人当たり **99 kcal**

材料（2～3人分）

- キャベツ…葉1枚（50g）
- 玉ねぎ…1/4個（50g）
- いんげん…2本
- ブロッコリー…1/2株（約80g）
- にんにく…1片（6g）
- 鶏だし（P.099参照）…500ml
- 雑穀ミックス（今回は十六穀米を使用）…30g
- 青汁（粉末）…小さじ1
- 塩…小さじ1/3
- 粗挽き黒こしょう…少々
- オリーブオイル…小さじ2

作り方

1. キャベツと玉ねぎはそれぞれ5mm角に切る。いんげんは5mm幅の斜め切りにする。ブロッコリーは小房に分けて、食べやすい大きさに切る。にんにくはみじん切りにする。ボウルに雑穀ミックス、鶏だしを入れて合わせ、30分ほど漬けておく。

2. 鍋にオリーブオイルをひき、1のにんにくを弱火で炒める。にんにくの香りがたってきたら、玉ねぎ、塩を入れてしんなりするまで炒め、1のキャベツ、ブロッコリー、雑穀ミックス（汁ごと）を入れて弱火で15分ほど煮込む。アクが出てきたら、そのつどすくう。

3. 1のいんげんを入れて青汁を溶き、粗挽き黒こしょうで味をととのえる。

 料理メモ 十六穀米以外の雑穀ミックスでも代用可。隠し味の青汁でケールなど独特の味わいがプラスされます。

キャベツの
トマトカレースープ

1人当たり
149 kcal

材料（2〜3人分）

キャベツ…葉3枚（150g）

玉ねぎ…1/2個（100g）

じゃがいも…1個（100g）

にんにく…1片（6g）

しょうが…1片（6g）

鶏だし（P.099参照）…400ml

クミンシード…小さじ1

トマト缶（カット）…1/2缶（200ml）

A
- ナンプラー…小さじ2
- ガラムマサラ…小さじ1
- カレー粉…大さじ1
- 塩…小さじ1/4
- 白こしょう…少々

オリーブオイル…小さじ2

バター…10g

パルメザンチーズ（粉末）…適量

作り方

1 キャベツは4cm幅に切る。玉ねぎは2mm幅の薄切りにする。じゃがいもは1cm角に切り、使用するまで水をはったボウルにつけておく。にんにくとしょうがはそれぞれみじん切りにする。

2 鍋にオリーブオイルをひき、1のにんにく、しょうが、クミンシードを入れて弱火で炒める。クミンの粒のまわりがふつふつと泡立ち、香りがたってきたら玉ねぎを入れて中火で3分ほど炒める。さらにキャベツ、じゃがいもを入れて、キャベツの表面にうっすらと焼き目がつくまで炒める。

3 2にトマト缶を入れて中火で3分ほど温め、鶏だしを入れて沸騰寸前で弱火にし、Aを加えて味つけして5分ほど煮込む。

4 3にバターを入れて、バターが溶けたらパルメザンチーズをふりかける。

料理メモ　ガラムマサラはインド料理などで使うミックススパイスで、加えると本格的な味わいに仕上がります。バターとチーズの効果で、奥深く、カレーなのに洋風の味わいに様変わり。

鶏ひき肉とヤングコーンのジェノバスープ

1人当たり 152 kcal

材料（2〜3人分）

鶏ひき肉…100g
ヤングコーン…4本
いんげん…4本
セロリ…1/2本（50g）
鶏だし（P.099参照）…500ml
ワイン（白、酒でも可）…大さじ2
ジェノバペースト（下記参照）…大さじ2
塩、粗挽き黒こしょう…各少々

作り方

1 ヤングコーン、いんげんはそれぞれ5mm幅の斜め切りにする。セロリは5mm幅に切る。

2 鍋に鶏肉、鶏だし、ワインを入れて中火で温め、沸騰寸前で弱火にし、菜箸などで鶏肉をほぐす。アクが出てきたら、そのつどすくう。

3 2に1を入れて5分ほど煮込み、ジェノバペーストを溶かしほぐして塩と粗挽き黒こしょうで味をととのえる。

ジェノバペースト

材料（作りやすい分量）

バジル（葉）…20枚
にんにく…1/2片（3g）
アンチョビフィレ…1本
松の実…10g
パルメザンチーズ（粉末）…10g
オリーブオイル…50g
バター…5g
塩…少々

作り方

1 すべての材料をミキサーまたはハンドブレンダーに入れて、なめらかになるまで撹拌する。

※冷蔵で5日間ほど、冷凍で1カ月ほど保存可能。

 料理メモ　ジェノバペーストのバジルのコクと、スープになじみやすい鶏そぼろの相性がよいスープです。ヤングコーンやセロリのような、煮込んでもシャキシャキとした歯ごたえが残る野菜を合わせるとアクセントに。

オニオントマトスープ

1人当たり **151** kcal

材料（2〜3人分）

- 玉ねぎ…2個(400g)
- にんじん…1/3本(50g)
- セロリ…1/2本(50g)
- 野菜だし(P.100参照)…400ml
- トマト缶(カット)…1/2缶(200ml)
- 塩…小さじ1/4
- きび砂糖…小さじ2
- バター…10g
- 塩、粗挽き黒こしょう…各少々
- オリーブオイル…大さじ1
- トマト(1.5cm厚さの輪切り)…2〜3枚

作り方

1. 玉ねぎ、にんじん、セロリはそれぞれみじん切りにする。
2. 鍋にオリーブオイルをひき、1を入れて弱中火で20分ほどじっくりと炒める。塩小さじ1/4、きび砂糖を加えて、玉ねぎが濃いきつね色になるまで焦げないように、さらに10分ほど炒める。焦げつくようであれば、水大さじ2(分量外)を加える。
3. 2に野菜だし、トマト缶を入れて煮込み、沸騰寸前で弱火にし、バターを加えて溶かす。
4. 器にスープを盛り、1.5cm厚さの輪切りにしたトマトをのせ、塩と粗挽き黒こしょうをふりかける。

※冷凍で2〜3週間保存可能。

 料理メモ 玉ねぎ、セロリ、にんじんを一緒にじっくり炒めて甘みを出す方法は、フランス料理では定番の調理法。

スペイン風にんにくスープ

1人当たり **185** kcal

材料（2〜3人分）

玉ねぎ… 1個（200g）
パプリカ（赤）… 1/2個
にんにく… 2片（12g）
鶏だし（P.099参照）… 400ml
トマト缶（カット）… 1/2缶（200ml）
A ┃ ナンプラー… 小さじ2
 ┃ パプリカパウダー（あれば）… 小さじ1
 ┃ 塩… 小さじ1/4
 ┃ 白こしょう… 少々
オリーブオイル… 大さじ1
温泉卵（P.056参照）… 2〜3個

作り方

1 玉ねぎはみじん切りにする。パプリカは5mm角に切る。にんにくは極みじん切りにする。

2 鍋にオリーブオイルをひき、1のにんにくを弱火で炒める。にんにくの香りがたってきたら中火にし、玉ねぎとパプリカを入れて焦げないように注意しながら7〜8分ほどじっくり炒める。

3 2に鶏だし、トマト缶を入れて中火で温め、沸騰寸前で弱火にしAを加えて味つけする。

4 器にスープを盛り、温泉卵をのせる。

※冷凍で2〜3週間保存可能。

 料理メモ　パプリカは時間をかけて炒めると甘みが倍増。にんにくを極みじん切りにして、全体に風味を広げます。

ロールキャベツの煮込みスープ

1人当たり 287 kcal

材料（2～3人分）

- 豚ひき肉…150g
- ベーコン（ブロック）…50g
- 玉ねぎ…1/2個(100g)
- キャベツ…葉4枚(200g)
- 溶き卵…1/2個分
- A
  - 牛乳…大さじ2
  - パン粉…大さじ2
  - 塩、粗挽き黒こしょう…各少々
- 野菜だし（P.100参照）…400ml
- ローリエ…1枚
- 塩、粗挽き黒こしょう…各適量
- バター…10g

作り方

1 ベーコン、玉ねぎはそれぞれみじん切りにする。キャベツの葉はたっぷりのお湯（分量外）で2～3分ほどゆで、ザルにあげて水けをきり、芯をそぎ落とす。

2 フライパンにバターを溶かし、1の玉ねぎを入れて中火で炒め、しんなりとしたらバットなどにあげて人肌くらいになるまで冷ます。

3 別のボウルに豚肉、1のベーコン、溶き卵、2、Aを入れて粘りけが出るまで混ぜ、4等分にする。キャベツの葉1枚をまな板に広げ、真ん中にタネをのせて葉の下部分をタネにかぶせ、左側の葉をタネに折り込み、くるっと最後まで巻く。右側の葉は巻き穴にたたんで包み込む。

4 鍋に、3の巻き終わり部分を下にして入れる。すきまなく並べて、野菜だし、ローリエを入れて落としブタをし、弱火で20分ほど煮込む。途中でスプーンなどを使ってロールキャベツに煮汁をかけ、塩と粗挽き黒こしょうで味をととのえる。

 料理メモ　豚ひき肉とベーコンの2種類の部位をブレンドすると、ジューシーで濃厚な味わいになります。

ソーセージと温野菜の粒マスタードスープ

1人当たり
160 kcal

材料（2～3人分）

ソーセージウインナー
　（ハーブが練り込んであるものがおすすめ）
　…4本
にんじん…1/2本(75g)
大豆(水煮)…50g
野菜だし(P.100参照)…500ml
粒マスタード…小さじ2
塩、粗挽き黒こしょう…各少々
ディル(葉)…適量
オリーブオイル…小さじ2

作り方

1　にんじんは4mm幅の斜め切りにする。大豆は水けをきる。

2　鍋にオリーブオイルをひき、ソーセージ、1のにんじんを焼く。にんじんの表面にうっすらと焼き色がついたら、野菜だしを入れる。沸騰寸前になったら弱火にし、1の大豆を入れる。フタをして8分ほど煮込む。

3　2に粒マスタードを加えて溶きほぐし、塩と粗挽き黒こしょうで味をととのえる。器にスープを盛り、ディル、お好みで粒マスタード(分量外)を添える。

 料理メモ　粒マスタードは大豆やソーセージとの相性が抜群。独特の酸味で、あっさりとしたスープになります。

ポトフ風具だくさんスープ

1人当たり
315 kcal

材料（2～3人分）
- ウインナーソーセージ…4本
- ベーコン（ブロック）…100g
- じゃがいも…1個(100g)
- 玉ねぎ…1/2個(100g)
- かぶ(小)…2個(80g)
- セロリ（茎・葉）…1/2本分
- 野菜だし(P.100参照)…600ml
- ローリエ…2枚
- ワイン（白）…50ml
- 塩…小さじ1/3
- 粗挽き黒こしょう…小さじ1/4
- オリーブオイル…小さじ2

作り方
1. ソーセージは縦に1本切れ目を入れる。ベーコンは1.5cm幅に切る。じゃがいも、玉ねぎ、かぶはそれぞれ縦4等分に切る。じゃがいもは使用するまで水をはったボウルにつけておく。セロリの茎は5mm幅に切る。
2. 鍋にオリーブオイルをひき、1のベーコンを中火で炒める。ベーコンの表面に焼き色がついたら、じゃがいも、玉ねぎ、かぶ、セロリ（茎・葉）、ワインを入れて一煮立ちさせる。野菜だし、ローリエを入れてフタをし、弱火で20分ほど煮込む。
3. 2が煮えたら1のソーセージ、塩、粗挽き黒こしょうを入れてさらに10分煮込み、セロリの葉を取り除く。

アレンジ

ごろごろ具材の
すりごまみそマヨサラダ

材料（1人分）
- ポトフ風具だくさんスープ
  （お好きな具材を使用）…150g
- A
  - すりごま(白)…大さじ2
  - マヨネーズ…大さじ1
  - みそ…小さじ1
  - しょうゆ…小さじ1
- 小ねぎ…適量

作り方
1. ボウルにスープの具材とAを入れてからめる。ねぎは小口切りにする。
2. 器に盛り、ねぎを散らす。

料理メモ　ポトフのようなシンプルな味つけの場合は、セロリの葉をスープと一緒に煮込むと香りが広がってさらにおいしく仕上がります。アレンジのサラダは、もう一品おかずがほしいときに便利なレシピです。

ほうれん草とチーズの
カルボナーラ仕立てスープ

1人当たり
492 kcal

材料（2〜3人分）

ほうれん草…1束(50g)
玉ねぎ…1/2個(100g)
ベーコン（ブロック）…80g
A │ 牛乳…400ml
　│ 薄力粉…大さじ1
生クリーム…50ml
ピザ用チーズ（とろけるタイプ）…70g
白だし（市販）…大さじ1
塩…小さじ1/4
粗挽き黒こしょう…小さじ1/3
オリーブオイル…小さじ2
温泉卵(P.056参照)…2〜3個

作り方

1　ほうれん草は3cm幅に切る。玉ねぎは2mm幅の薄切りにする。ベーコンは5mm幅の棒状に切る。ボウルにAを合わせておく。

2　鍋にオリーブオイルをひき、1の玉ねぎ、ベーコンを中火で炒める。ベーコンの表面に焼き色がついたら、ほうれん草を入れて1分ほどさっと炒める。

3　2に1のAを加えて弱火にかけ、スープに少しとろみがついてきたら生クリーム、ピザ用チーズを入れる。チーズを溶かしながら混ぜ、白だし、塩、粗挽き黒こしょうで味をととのえる。

4　器にスープを盛り、温泉卵をのせる。

アレンジ

カルボナーラのスープパスタ

材料（1人分）

ほうれん草とチーズの
　カルボナーラ仕立てスープ
　…300ml
スパゲッティ（乾麺）…80g
塩、粗挽き黒こしょう…各少々

作り方

1　スパゲッティは表示規定時間よりも1分ほど早くザルにあげ、水けをきる。

2　鍋でスープを温め、1を入れて1分ほど麺とスープをからませる。

3　器に2を盛り、塩と粗挽き黒こしょうをかける。

 料理メモ　和食で使う「白だし」ですが、クリーム系の料理の味つけで使用すると料理が変色せず、きれいな見映えが保てます。牛乳と白だしは、コクと旨みのバランスがよいのでおすすめの組み合わせです。

カマンベールチーズの
オニオングラタンスープ

1人当たり 287 kcal

材料（2〜3人分）

玉ねぎ… 2個(400g)
カマンベールチーズ… 100g
野菜だし（P.100参照）… 400ml
塩… 小さじ1/4
きび砂糖… 小さじ2
ワイン(赤)… 大さじ2
粗挽き黒こしょう… 少々
バゲット… 約6cm分
バター… 30g

作り方

1 玉ねぎは2mm幅の薄切りにする。カマンベールチーズは食べやすい大きさに切る。バゲットは2cm厚さに切る。

2 鍋にバターをひき、1の玉ねぎを弱中火で20分ほど炒める。20分経ったら塩、きび砂糖を入れて、玉ねぎが濃いきつね色になるまで、焦げないようにさらに10分ほど炒める。焦げつくようであれば、水大さじ2（分量外）を入れる。ワインを加えて強火でアルコールを飛ばし、野菜だしを入れて中火で温める。

3 耐熱の器にバゲットを並べて2を注ぎ入れ、1のカマンベールチーズを上に添えたら220℃に予熱したオーブンで10分ほど焼き、粗挽き黒こしょうをふりかける。

 玉ねぎを炒める途中で赤ワインを加えて風味づけします。オーブンレンジの代わりにトースターでも可。

オニオンクリーミーポタージュ

1人当たり 339 kcal

材料（2〜3人分）

玉ねぎ… 2個(400g)
鶏だし（P.099参照）… 300ml
塩… 小さじ1/4
きび砂糖… 小さじ2
生クリーム… 100ml
しょうゆ… 小さじ1
ピザ用チーズ(細切り)… 適量
バゲット… 約4cm分
バター… 30g

作り方

1 玉ねぎは1mm幅の薄切りにする。バゲットは2cm厚さに切る。

2 鍋にバターをひき、1の玉ねぎを弱中火で20分ほど炒める。20分経ったら塩、きび砂糖を入れて、玉ねぎが濃いきつね色になるまで、焦げないようにさらに10分ほど炒める。焦げつくようであれば、水大さじ2（分量外）を入れる。

3 2に鶏だしを入れて中火にかけ、沸騰寸前で弱火にし、生クリーム、しょうゆで味をつけて全体を混ぜる。

4 器にスープを注ぎ、バゲットを添えて、ピザ用チーズを散らす。

※生クリーム、バゲット、チーズを入れない状態で、冷凍で1カ月ほど保存可能。

 あめ色玉ねぎは途中で砂糖を入れると早く作ることができます。

column 1
スープをおいしくする 10のトッピング

少しの材料と手間で簡単に作れるトッピングを使って、スープをもっとおいしくアレンジしてみましょう。

1

ジューシーなベーコンはポタージュ系の具材として

カリカリベーコン

材料と作り方（作りやすい分量）

スライスベーコン3枚を5mm〜1cm幅の短冊切りにする。耐熱皿にベーコンを並べてペーパータオルをかぶせ、600Wの電子レンジで1分ほど温める。ベーコンを裏返し、ペーパータオルを再びかぶせ、さらに1分ほど温める。

※冷蔵で1〜2週間保存可能。

2

甘みのあるオニオンはクリーム系のアクセントに

カリカリオニオン

材料と作り方（作りやすい分量）

玉ねぎ1/2個（100g）を2mm幅の薄切りにし、ペーパータオルで水けをとって薄力粉大さじ1をまぶす。フライパンに2cm高さほどの油を入れて160℃に温め、約3〜4分ほど揚げて油をきる。

※冷暗所で3〜4日間保存可能。

3 カリカリジンジャー

材料と作り方（作りやすい分量）

しょうが5片（30g）を千切りにする。フライパンに2cm高さほどの油を入れて160℃に温めたら、約3〜4分ほど揚げて油をきる。

※冷暗所で4〜5日間保存可能。

> ザクザク感がおいしく、和風スープとの相性抜群

> チーズの香りとパン粉の食感を楽しんで

4 バターチーズパン粉

材料と作り方（作りやすい分量）

フライパンにバター10gを溶かし、パン粉15gを入れて弱火で炒める。パン粉がうっすらときつね色になったら火をとめて、粉末のパルメザンチーズ小さじ2を加えて混ぜる。

※冷蔵で2〜3日間保存可能。

5 もやしナムル

材料と作り方（作りやすい分量）

たっぷりのお湯を沸かし、もやし1/2パック(100g)を入れて30秒ほどゆで、ザルにあげて水けをきる。ボウルに白すりごま大さじ1、ごま油小さじ2、すりおろしにんにく1/2片分(3g)、塩、粗挽き黒こしょう各少々を混ぜ合わせ、もやしを入れてよく混ぜる。

6 温泉卵

材料と作り方（2個分）

卵2個は常温に戻す。鍋に1ℓほど湯を沸かし、沸騰したら火をとめて水200mlを加える。卵をやさしく入れてフタをし、約15分温めて取り出す。

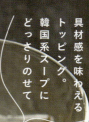

具材感を味わえるトッピング。韓国系スープにどっさりのせて

ぷるぷるとした半熟の黄身がスープのコクを引き出す

和風や韓国系スープと合わせたいシャキシャキ感

7 ねぎ塩

材料と作り方（作りやすい分量）

白ねぎ50gは縦に切れ目を入れ、軸を取り除いて千切りにし、水に2分ほどさらして水けをきる。ボウルに白ねぎ、ごま油小さじ2、塩、粗挽き黒こしょう各少々を入れて混ぜ合わせる。

※冷蔵で2〜3日間保存可能。

彩りと香りが強く、
バラエティ豊かに活躍

8 緑の薬味4種

**材料と作り方
（作りやすい分量）**

大葉、小ねぎはそれぞれ千切りにする。みつば、パクチーはそれぞれ2cm幅に切る。

焼き色をつけたバゲットの
香ばしい味わいが食欲をそそる

9 バゲットで クルトン

材料と作り方（お好みの分量）

バゲットを薄切りにし、トースターに並べて、表面に焼き色がつくまで焼く。粗熱がとれたら、食べやすい大きさに砕く。

煎ったアーモンドの
カリッとした食感がクセになる

ローストアーモンド

材料と作り方（お好みの分量）

フライパンにアーモンドを並べて弱火で煎り、香ばしい香りがしてきたら取り出して粗めに砕く。

10

057

2章
和風スープ

やわらかい和風だしの香りと、
じっくりと煮込んだ具材の味わいがやさしく
ホッとさせてくれるスープです。
「旨み」をたくさん含むスープは、白米との相性抜群。
最後までゆっくり味わってお召し上がりください。

鶏そぼろと冬瓜の塩スープ

1人当たり
139 kcal

材料（2〜3人分）

鶏ひき肉…100g
冬瓜…150g
グリーンピース（むき身）…60g
しょうが…2片（12g）
鶏だし（P.099参照）…500ml
酒…大さじ1
塩…小さじ1/4
粗挽き黒こしょう…少々
ごま油…小さじ2
水溶き片栗粉（水1：片栗粉1）…適量

作り方

1. 冬瓜は厚めに皮をむき、一口大の乱切りにする。しょうがは千切りにする。
2. 鍋にごま油をひき、1のしょうがを弱火で炒める。しょうがの香りがたってきたら、鶏肉を入れてヘラなどでそぼろ状になるように炒める。
3. 2に鶏だし、酒、1の冬瓜を入れて沸騰寸前で弱火にし、グリーンピースを入れる。鍋のフタを少しずらし、10分ほど煮込む。アクが出てきたら、そのつどすくう。
4. 冬瓜がやわらかくなるまで煮えたら、塩、粗挽き黒こしょうで味つけする。水溶き片栗粉をゆっくりと回し入れて、とろみをつける。

アレンジ

湯豆腐の鶏そぼろあんかけ

材料（1人分）

鶏そぼろと冬瓜の塩スープ…100ml
絹豆腐…1丁（300g）
かつお節…2g
ポン酢…小さじ2

作り方

1. 鍋にスープと半分に切った豆腐を入れて弱火で温める。
2. 1を器に移してかつお節をのせ、ポン酢をかける。

料理メモ　やわらかく煮込んだ冬瓜は、食べやすく胃にやさしい食材です。グリーンピースは、冷凍や缶詰のものを使用してもおいしく作ることができます。しょうがをたっぷり使うので、身体も温まります。

豚そぼろと高菜のピリ辛スープ

1人当たり
159 kcal

材料（2〜3人分）

豚ひき肉…120g
高菜漬け（市販）…50g
赤とうがらし…1本
しょうが…2片（12g）
小ねぎ…2本
鶏だし（P.099参照）…500ml
酒…大さじ2
しょうゆ…小さじ1
塩、粗挽き黒こしょう…各少々
とろろ昆布…適量
ごま油…小さじ2

作り方

1　赤とうがらしは種を取って輪切りにする。しょうがはみじん切りにする。ねぎは小口切りにする。

2　鍋にごま油をひき、1の赤とうがらしとしょうがを弱火で炒める。しょうがの香りがたってきたら、豚肉と高菜を入れて中火で炒める。豚肉は、ヘラなどでそぼろ状になるように炒める。

3　2に鶏だし、酒を入れて沸騰寸前で弱火にし、しょうゆ、塩、粗挽き黒こしょうで味つけする。アクが出てきたら、そのつどすくう。

4　器にスープを盛り、1のねぎを添えて、とろろ昆布をのせる。

明太スープピリ辛おにぎり

材料（1人分）

豚そぼろと高菜のピリ辛スープ…100ml
温かいごはん…100g
明太子…適量

作り方

1　明太子おにぎりを作る。ごはんを三角形に握り、明太子を上にのせる。

2　1を器にのせ、温めたスープをかける。

 とろろ昆布にはグルタミン酸の旨み成分があります。スープによく溶けるため、具材とからむことで旨みを全体に広げる役割を担っています。シャキシャキの高菜と、ピリッとした辛さがクセになります。

鶏肉と根菜のしょうゆバタースープ

1人当たり
168 kcal

材料（2〜3人分）

鶏もも肉…100g
玉ねぎ…1/4個（50g）
さつまいも…1/2本（100g）
にんじん…1/3本（50g）
和風だし（P.101参照）…600ml
酒…大さじ2
しょうゆ…大さじ1
塩、粗挽き黒こしょう…各少々
バター…10g
ごま油…小さじ2

作り方

1. 鶏肉は皮を取り除き、一口大に切る。玉ねぎは2cm厚さのくし切りにする。さつまいもは皮つきのまま、1cm厚さに切る。にんじんは皮をむき、乱切りにする。
2. 鍋にごま油をひき、1の玉ねぎを中火で炒める。玉ねぎがしんなりとしてきたら、鶏肉、さつまいも、にんじんの順に入れて炒める。
3. 鶏肉の表面に焼き色がついたら、和風だし、酒を入れて沸騰寸前で弱火にする。アクが出てきたら、そのつどすくう。フタをして10分ほど煮込み、しょうゆ、塩、粗挽き黒こしょうで味をととのえる。
4. 器にスープを盛り、バターを添える。

 料理メモ さつまいもは、加熱するとでんぷんの一部が糖質に変化して甘みが増加。食物繊維も豊富でお腹もきれいに。

ささみと水菜のおろしポン酢スープ

1人当たり **97** kcal

材料（2〜3人分）

鶏ささみ…2本(200g)
水菜…1株(50g)
きゅうり…1/4本(25g)
大根…50g
かいわれ大根…適量
塩、砂糖…各小さじ1/4
水…500ml
酒…大さじ2
ポン酢…大さじ2
粗挽き黒こしょう…少々

作り方

1 鶏ささみは表面にフォークで数カ所穴をあけて塩と砂糖をもみ込み、チャックつき保存袋に入れて冷蔵庫で20分以上休ませる。

2 水菜は3cm幅に切る。きゅうりは輪切りにする。大根はすりおろす。かいわれ大根はヘタを切り、3cm幅に切る。

3 鍋に水を入れ、1の鶏ささみ、酒を入れて中火にかける。沸騰したら3分ほど温めて火をとめ、フタをして粗熱をとる。アクが出たらすくう。

4 3の鶏ささみを鍋から取り出して、手で食べやすい大きさにさく。3の鍋の煮汁に鶏ささみを戻して中火にかけ、2の水菜ときゅうりを入れて1分ほどさっと煮る。ポン酢、粗挽き黒こしょうで味をととのえる。

5 器にスープを盛り、2の大根おろしとかいわれ大根を添える。

 料理メモ 大根おろしは加熱すると甘くなるので、ぜひスープとからめて。鶏ささみは火が強いと固くなるので注意。

豚肉ときのこの梅肉スープ

1人当たり 194 kcal

材料（2〜3人分）

豚バラ肉…100g
絹さや…6枚
梅干し…1個
A | しいたけ…2枚
  | しめじ…1/2パック(50g)
  | エリンギ…1本(50g)
和風だし（P.101参照）…500ml
酒…大さじ2
しょうゆ…小さじ2
水溶き片栗粉
　（水1：片栗粉1）…適量
溶き卵…1個分

作り方

1. 豚肉は4cm幅に切る。絹さやはヘタを少し折り、筋を引っぱって取る。梅干しは種を取り除き、包丁でたたいて細かく切る。

2. しいたけは軸を切って、2mm厚さの薄切りにする。しめじは石づきを切り、手で小房に分ける。エリンギは半分に切り、3mm厚さに切る。きのこ類はひとまとめにしてボウルに入れておく(A)。

3. 鍋に和風だし、酒を入れて中火にかけ、沸騰寸前で弱火にする。Aと、1の豚肉を1枚ずつ入れて、5分ほど煮る。アクが出てきたら、そのつどすくう。

4. 3にしょうゆを加えて、弱火の状態で水溶き片栗粉をゆっくりと回し入れてとろみをつける。とろみがついたら中火にし、表面がフツフツした状態になったら溶き卵を回し入れて火をとめる。1の絹さやを入れて、余熱で火を通す。

5. 器にスープを盛り、1の梅肉を添える。

料理メモ 梅干しはメーカーごとに梅肉の量や塩分が違うため、物足りなければもう1個足してください。

鶏肉とちりめんじゃこの花椒スープ

1人当たり 127 kcal

材料（2〜3人分）

鶏ひき肉…100g
水菜…1/2株(25g)
もやし…1/2パック(100g)
しょうが…2片(12g)
ちりめんじゃこ…大さじ2
塩昆布…大さじ1 (5g)
和風だし(P.101参照)…500ml
酒…50ml
しょうゆ…小さじ2
花椒…小さじ1/2
ごま油…小さじ2

作り方

1 水菜は3cm幅に切る（トッピング用に少し残しておく）。塩昆布はハサミで食べやすい大きさに切る。しょうがはみじん切りにする。

2 鍋にごま油をひき、1のしょうがを弱火で炒める。しょうがの香りがたってきたら中火にし、鶏肉を入れてそぼろ状になるようにヘラなどで炒める。

3 2に酒を加えて1分ほど煮込み、アクをすくって和風だしを入れる。沸騰寸前で弱火にし、もやし、1の水菜と塩昆布を入れて1分ほど煮込み、しょうゆ、ミルで削った花椒を加えて味をととのえる。

4 器にスープを盛り、ちりめんじゃこ、1で残しておいたトッピング用の水菜を添える。

 料理メモ　塩昆布を足して塩味と旨みをプラス。トッピングの水菜はサラダのように食べられるのでおすすめです。

あじのすりごま冷製スープ

1人当たり
185 kcal

材料（2～3人分）

- あじ（干物）… 2枚（160g）
- なす（小）… 1本（80g）
- きゅうり… 1/2本（50g）
- 絹豆腐… 1/2丁（約150g）
- しょうが… 1片（6g）
- みょうが… 1本
- 大葉… 3枚
- 和風だし（P.101参照）… 400ml
- みそ… 大さじ1
- すりごま（白）… 大さじ2
- いりごま（白）… 小さじ2

作り方

1. 魚焼きグリルを熱し、中火の状態であじの皮面が下になるように入れる。5分ほど焼いたらひっくり返して、さらに5分ほど焼いて骨と皮を取り除く。
2. なすときゅうりはそれぞれ1mm幅の薄切りにし、塩1/4（分量外）をふりかけて10分ほどおき、水けを絞る。豆腐は1cm角に切る。
3. しょうがはすりおろす。みょうが、大葉はそれぞれ千切りにする。
4. 鍋に和風だしを入れ、中火で温める。沸騰寸前で弱火にし、みそ、すりごまを溶く。粗熱がとれたらボウルに移し、ラップをして冷蔵庫で2時間ほど冷やす。
5. 器に4を注ぎ入れ、1と2を入れて軽く和える。3を添えて、いりごまをふりかける。

アレンジ

冷汁ごはん

材料（1人分）

- あじのすりごま冷製スープ… 200ml
- 冷や飯… 150ml
- いりごま（白）… 適量

作り方

1. 器に冷や飯をよそい、スープをかける。
2. 1にいりごまをふりかける。

料理メモ あじは生で食べるよりも干物にしたほうが栄養価がアップします。アミノ酸の旨み成分も豊富なので、スープに溶け込ませるとコクを出す効果があり、薬味とも相性ばっちり。

さけといくらの粕汁

1人当たり 136 kcal

材料（2〜3人分）

さけ（切り身・甘塩）… 1切れ
かぶ（小）… 2個（80g）
里芋… 2個（80g）
和風だし（P.101参照）… 600ml
白みそ… 大さじ1
酒粕… 大さじ2
いくら（しょうゆ漬け）… 大さじ2

作り方

1. さけは4等分に切る。かぶはしっかりと水で洗って根元の土を取り除き、縦6等分のくし切りにする。里芋は塩少々（分量外）をふりかけて粘けをとり、水で洗い水けをきって縦4等分のくし切りにする。
2. 鍋に和風だしを入れて中火で温め、沸騰寸前で弱火にする。1のかぶと里芋を入れ、フタをして5分ほど煮込む。
3. 2にみそを溶き、1のさけを入れて10分ほど沸騰しないように弱火で煮る。
4. 3に酒粕をやさしく溶きほぐす。器にスープを盛り、いくらを添える。

料理メモ　さけにはEPAやDHAなど、血液をサラサラにする効果が期待できる栄養素が含まれています。

さばと餅の焦がしみそスープ

1人当たり
295 kcal

材料（2～3人分）

- さば缶（みそ味・水煮）…1缶
- 長ねぎ…40g
- 切り餅…4個
- 和風だし（P.101参照）…400ml
- みそ…小さじ2
- 酒…大さじ1
- A
  - しょうゆ…小さじ1
  - 砂糖…小さじ1/2
  - すりごま（白）…大さじ1

作り方

1. 餅は1000Wのオーブントースターで3分ほど両面に焼き色がつくまで焼く。長ねぎは斜め切りにする。
2. 鍋にみそを入れて、うっすらと焼き色がつくまで弱火で炒める。焼き色がついたら和風だしを少しずつ加えて、みそと溶きなじませる。
3. 2に1、酒、さば缶を汁ごと入れてさばの身を軽くほぐす。Aで味つけし、弱火で5分ほど煮込む。

料理メモ お好みで仕上げにバターを入れてもおいしいです。みそバターの風味がして、餅との相性も抜群！

あさりとあおさの豆乳スープ

1人当たり
125 kcal

材料（2〜3人分）

あさり…150g

みつば…適量

おぼろ豆腐（絹豆腐でも可）…100g

和風だし（P.101参照）…200ml

酒…大さじ2

豆乳（無調整）…400ml

みそ…大さじ1

あおさ（乾燥）…適量

作り方

1. あさりの砂抜きをする。バットにあさりを並べて、あさりがかぶるくらいまで塩水（水500mlに対し、塩15gの割合）を注ぎ入れる。新聞紙などをかぶせて3時間ほどおき、水（分量外）で殻同士をこすりながらしっかり洗う。

2. みつばは2cm幅に切る。

3. 鍋に1のあさり、酒を入れて中火にかけ、フタをしてあさりの口が開くまで蒸し焼きにする。

4. 3に和風だしを入れて沸騰寸前で弱火にし、豆腐をスプーンなどで一口大にすくいながら入れる。豆乳をゆっくりと注ぎ入れ、温まったらみそを溶きほぐす。

5. 器にスープを盛り、あおさと2のみつばを添える。

料理メモ　おぼろ豆腐の強い甘みがスープ全体に味わいをプラス。豆乳にとろける豆腐の食感を楽しんでください。

ツナと水菜の和風トマトスープ

1人当たり
206
kcal

材料（2～3人分）

ツナ缶（オイル漬け）…1缶（約75g）
ベーコン（ブロック）…50g
水菜…1株（50g）
あたりめ…15g
白菜…葉1枚（70g）

A │ 和風だし（P.101参照）…400ml
　│ トマト缶（カット）…1/2缶（200ml）
　│ めんつゆ（3倍濃縮タイプ）…小さじ2

かつお節…2g
オリーブオイル…小さじ2

作り方

1. ツナ缶は油をしっかりときる。ベーコンは1cm幅の短冊切りにする。水菜は3cm幅に切る。あたりめははさみなどで2cm幅に切る。白菜は大きめの一口大に切る。
2. 鍋にオリーブオイルをひき、1のベーコンと白菜を中火で炒める。ベーコンに焼き色がついたらAを入れて、沸騰寸前で弱火にする。
3. 2に1のツナとあたりめを入れて弱火で3分ほど煮込み、水菜を入れて30秒ほどさっと熱を通して火をとめる。
4. 器にスープを盛り、かつお節をふりかける。

 料理メモ　あたりめ、ベーコン、トマト、かつお節それぞれのコクや旨みは相性が良く、味にまとまりが出ます。

オクラと長芋の黒酢和風スープ

1人当たり **30 kcal**

材料（2〜3人分）
オクラ…4本
長芋…4cmほど
もずく酢（黒酢）…1パック（70g）
和風だし（P.101参照）…500ml
A ｜ しょうゆ…小さじ2
　 ｜ 黒酢…大さじ1と1/2

作り方
1 オクラは塩少々（分量外）をふりかけてまな板にこすりつけ、産毛が取れたら水洗いをして斜め切りにする。長芋は皮をむき、拍子切りにする。
2 鍋に和風だしを入れて、中火で温める。沸騰寸前で弱火にし、1のオクラと長芋、もずく酢を汁ごと入れ、Aを加えて味つけする。

春雨ネバネバ黒酢スープ

材料（1人分）
オクラと長芋の黒酢和風スープ…200ml
春雨（乾燥）…20g
粗挽き黒こしょう…適量

作り方
1 鍋にスープと春雨を入れ、弱火で5分ほど温める。
2 1に粗挽き黒こしょうをふりかけて、味をととのえる。

 だしの旨みを感じる、シンプルな味つけのスープ。オクラのネバネバのもとになっているムチンは、消化器の粘膜を保護する働きがあり、感染症の予防などに効果的な食材です。

かぶとベーコンの白みそスープ

1人当たり **217 kcal**

材料（2〜3人分）

- ベーコン（ブロック）… 80g
- かぶ（小）… 4個（160g）
- かぶの葉… 1個分
- 豆乳（無調整）… 400ml
- コンソメスープの素（顆粒）… 小さじ1
- 白みそ… 小さじ2
- 粗挽き黒こしょう… 少々
- オリーブオイル… 小さじ2

作り方

1. ベーコンは1cm角に切る。かぶはしっかりと水で洗って根元の土を取り除き、縦6等分のくし切りにする。かぶの葉は3cm幅に切る。
2. 鍋にオリーブオイルをひき、1のベーコンを中火で焼く。ベーコンの表面に焼き色がついたら、かぶを入れる。かぶの表面に薄い焼き色がついたら、豆乳を入れて弱火にする。
3. 豆乳が温まったらコンソメスープの素、みそを溶き、1のかぶの葉を入れて1分ほどさっと煮る。
4. 器にスープを盛り、粗挽き黒こしょうをふりかける。

 アレンジ

かぶの豆乳和風リゾット

材料（1人分）

- かぶとベーコンの白みそスープ… 200ml
- 温かいごはん… 50g
- ピザ用チーズ（とろけるタイプ）… 10g
- パセリ（乾燥）… 適量

作り方

1. 鍋にスープとごはんを入れて、ごはんにスープがなじむまで弱火で温める。
2. 1にピザ用チーズを加えて、よくからむように混ぜる。器に盛ってパセリをふりかける。

 料理メモ　ベーコンの脂の旨みは、スープのだしとしても大活躍します。しっかりと炒めて脂を溶かしてからスープに入れることで、より深い味わいになります。クセのない白みそとかぶの相性もばっちりです。

ゆずと湯葉のすまし汁

1人当たり 27 kcal

材料（2〜3人分）

湯葉(乾燥)…1枚(7g)
しめじ…1/2パック(50g)
ほうれん草…1束(50g)
ゆず…適量
和風だし(P.101参照)…600ml
しょうゆ…小さじ2
塩…小さじ1/4〜1/3

作り方

1 湯葉はぬるま湯をはったボウルに入れ、30分ほどつけて戻す。しめじは石づきを切り、手で小房に分ける。ほうれん草は3cm幅に切る。ゆずは皮の表面を水でよく洗い、削いで千切りにする。

2 鍋に和風だしを入れて中火にかけ、沸騰寸前で弱火にする。1の湯葉、しめじを入れて、3分ほど温める。

3 2にほうれん草を入れて1分ほど温め、しょうゆと塩で味つけする。器にスープを盛り、1のゆずの皮を添える。

 料理メモ　湯葉はスープに入れると口あたりが楽しく、だしとよくからみます。生は崩れやすいので乾燥がおすすめ。

きのこと山芋のすり流しスープ

1人当たり **57** kcal

材料（2～3人分）

- A
  - なめこ…1/2パック(70g)
  - しいたけ…2個
  - えのき…50g
  - まいたけ…1/2パック(50g)
- 山芋…80g
- 和風だし(P.101参照)…600ml
- 鶏がらスープの素(顆粒)…小さじ2
- オイスターソース…小さじ2
- 青のり…適量

作り方

1. なめこは水で洗い、水けをきる。しいたけは軸を切り、2mm幅に切る。えのきは石づきを切り、3cm幅に切る。まいたけは石づきを切り、食べやすい大きさに手でさく。きのこ類はひとまとめにしてボウルに入れておく（A）。山芋はすりおろす。
2. 鍋に和風だしを入れて中火で温める。沸騰寸前で弱火にし、Aを入れて3分ほど温める。
3. 2に鶏がらスープの素、オイスターソースを入れて味つけする。器にスープを盛り、1の山芋をのせて青のりをふりかける。

 料理メモ スープに入れて食べると、とろとろからふわふわな食感に変化する山芋をぜひ味わってください！

揚げなすと切り干し大根の薬味スープ

1人当たり 85 kcal

材料（2〜3人分）

なす… 1本
切り干し大根（乾燥）… 30g
しょうが… 2片（12g）
みょうが… 1本
大葉… 2枚
小ねぎ… 2本
和風だし（P.101参照）… 500ml
サラダ油… 適量

作り方

1 なすはヘタを切り、1.5cm幅に切る。フライパンにサラダ油を2cm深さほど入れて、180℃に温める。なすを中火で2〜3分ほど素揚げし、ペーパータオルをしいたバットなどにあげて余分な油をきる。

2 切り干し大根は水でもみ洗いし、水をはったボウルに入れて戻したら2cm幅に切る。しょうがはすりおろす。みょうが、大葉は千切りにする。ねぎは小口切りにする。

3 鍋に和風だしを入れて沸騰寸前で弱火にする。2の切り干し大根を入れて3分ほど温めたら、素揚げした1のなすを入れて1分ほど温める。器にスープを盛り、2のしょうが、みょうが、大葉、ねぎを添える。

 だしを濃いめにすると切り干し大根によく染み込み、さらに味わい深く。冷やして食べるのもおすすめ。

焼きズッキーニとししとうのみそ汁

1人当たり 82 kcal

材料（2〜3人分）

ズッキーニ… 1本
ししとう… 4本
玉ねぎ… 1/4個（50g）
和風だし（P.101参照）… 400ml
塩… 小さじ1/4
みそ… 大さじ2
赤とうがらし（粉末）… 適量
オリーブオイル… 大さじ1

作り方

1 ズッキーニはヘタとがくを切り、しましまになるようにピーラーで4カ所ほど縦に皮をむき、1cm幅の輪切りにする。ししとうはつまようじなどで表面に数カ所穴をあけ、1000Wのオーブントースターで表面に焼き色がつくまで焼く。玉ねぎは5mm厚さの薄切りにする。

2 鍋にオリーブオイルをひき、1のズッキーニを弱火で両面焼き、塩をふりかける。

3 2に和風だし、1のししとうと玉ねぎを入れて3分ほど弱火で温め、みそを溶き入れる。

4 器にスープを盛り、赤とうがらしをふりかける。

 ズッキーニは皮に切り込みを入れてだしを染み込ませます。食べると口のなかにじゅわっと広がります。

根菜とかつお節の
ミネストローネスープ

1人当たり
231 kcal

材料（2〜3人分）

A
- ベーコン（ブロック）… 80g
- 大根… 50g
- にんじん… 1/2個(75g)
- ごぼう… 1.5cm分(30g)
- れんこん… 50g
- 玉ねぎ… 1/4個(50g)

- 干ししいたけ… 2枚
- にんにく… 1片(6g)
- 和風だし（P.101参照）… 300ml
- トマト缶（カット）… 1缶(400g)
- みそ… 大さじ1と1/2
- かつお節… 2g
- ごま油… 大さじ1

作り方

1 ベーコン、大根、にんじん、ごぼう、れんこん、玉ねぎはそれぞれ5mm角に切り、ひとまとめにしてボウルに入れておく（A）。干ししいたけは水200ml（分量外）に一晩つけて戻し、2mm厚さの薄切りにする。戻し汁は捨てずにとっておく。にんにくはみじん切りにする。

2 鍋にごま油をひき、1のにんにくを弱火で炒める。にんにくの香りがたってきたらAを入れて、10分ほど弱火でじっくりと炒める。

3 2に和風だし、トマト缶、1のしいたけと戻し汁を入れ、フタをして5分ほど弱火で煮込む。アクが出てきたら、そのつどすくう。みそを溶いて味をなじませる。器にスープを盛り、かつお節をふりかける。

※冷凍で3〜4週間保存可能。

アレンジ

ミネストローネのショートパスタ

材料（1人分）

- 根菜とかつお節の
　ミネストローネスープ… 200ml
- フジッリ（乾麺）… 20g
- オリーブオイル… 小さじ1
- パルメザンチーズ（粉末）… 適量

作り方

1 フジッリは表示規定時間通りにゆでて水気をきり、オリーブオイルを回しかけて混ぜる。

2 スープを温めて1を入れ、パルメザンチーズをふりかける。

料理メモ　洋風スープの定番であるミネストローネを、だしやかつお節を使って和風スープにアレンジ！ トマトとみそとの組み合わせは想像しにくいかもしれませんが、非常に相性がよく、さっぱりと食べられます。

4種根菜のしょうがスープ

1人当たり
80 kcal

材料（2〜3人分）

しょうが…2片(12g)

A
- にんじん…1/3本(50g)
- 大根…50g
- れんこん…50g
- ごぼう…1/3本(50g)

芽ひじき(乾燥)…2g
和風だし(P.101参照)…500ml
塩…小さじ1/4
みそ…大さじ1と1/2
しょうゆ…小さじ1
ごま油…小さじ2

作り方

1. しょうがは1片分を千切りにして、もう1片分はすりおろす。にんじん、大根、れんこん、ごぼうはそれぞれ5mm角に切り、ひとまとめにしてボウルに入れておく（A）。芽ひじきは、たっぷりの水（分量外）をはったボウルに10分ほどつけて戻し、水けをきる。

2. 鍋にごま油をひき、1で千切りにしたしょうがとAを弱火で炒める。途中で塩を入れて野菜がしんなりするまで8〜10分ほど炒めたら、和風だしをいれて中火で温める。

3. 2が沸騰寸前になったら弱火にし、1ですりおろしたしょうが、芽ひじきを入れる。みそを溶き、しょうゆで味をととのえる。

 料理メモ 根菜は同じ大きさに切ってじっくり炒めると甘みがアップ。芽ひじきは乾燥2gで約20gに戻ります。

カリフラワーと里芋の煮っころがしスープ

1人当たり 93 kcal

材料（2〜3人分）

カリフラワー… 1/4個（100g）
里芋… 5個（200g）
A　和風だし（P.101参照）… 200ml
　　しょうゆ… 大さじ1と1/2
　　酒… 大さじ1
　　みりん… 大さじ1
　　きび砂糖… 小さじ2
和風だし（P.101参照）… 400ml
みそ… 小さじ2

作り方

1　カリフラワーは小房に分け、食べやすい大きさに切る。里芋は皮をむき、塩少々（分量外）をふりかけて粘りけをとり、水でぬめりをとりながら洗って水けをきり、縦4等分に切る。

2　鍋に1、Aを入れて中火で温める。沸騰寸前で弱火にし、落としブタをして、12〜15分ほど温める。煮汁が1/4程度になったら落としブタを取り、時計回りにゆすりながら煮汁がなくなるまで煮詰める。

3　2に和風だし400mlを入れて中火で温め、沸騰寸前で弱火にしてみそを溶く。

料理メモ　里芋のぬめり成分であるガラクタンは、脳細胞を活性化させてボケ予防になり、免疫力

とうもろこしとキャベツの
みそバタースープ

1人当たり
186 kcal

材料（2～3人分）

とうもろこし… 1本
キャベツ… 葉2枚（100g）
鶏だし（P.099参照）… 400ml
みそ… 大さじ1
粗挽き黒こしょう… 少々
バター… 15g
カリカリベーコン（P.054参照）… 適量

作り方

1 とうもろこしは、芯から実を包丁でそぎ落とす。芯は捨てずにとっておく。キャベツは大きめの一口大に切る。
2 鍋にバターをひき、1のキャベツを中火で炒める。キャベツがしんなりとしたら、1のとうもろこしの実と芯、鶏だしを入れて沸騰寸前で弱火にする。フタをして、5分ほど煮込む。
3 煮込んだらとうもろこしの芯だけを取り除き、みそを溶き入れる。
4 器にスープを盛り、粗挽き黒こしょうをふりかけて、トッピングのカリカリベーコンを添える。

アレンジ

とうもろこしとキャベツの
コールスロー風サラダ

材料（作りやすい分量）

とうもろこしとキャベツの
　みそバタースープの具材… 100g分
マヨネーズ… 小さじ1
チリパウダー… 小さじ1

作り方

1 ボウルに汁けをきったスープの具材、マヨネーズを入れ、混ぜ合わせる。
2 1を器に盛り、チリパウダーをふりかける。

維が豊富に含まれているので、腸内をきれいに保つ効果が期待できます。糖質も～にも有効な食材です。カリカリベーコンを加えると、より濃厚な味わいに。

野菜たっぷり！ けんちん汁

1人当たり **183 kcal**

材料（2～3人分）

- 鶏もも肉…100g
- 厚揚げ豆腐…1/2丁（約70g）
- 玉ねぎ…1/2個（100g）
- 大根…50g
- にんじん…1/3本（50g）
- ごぼう…1/3本（50g）
- 干ししいたけ…2個
- 和風だし（P.101参照）…500ml
- 酒…大さじ1
- しょうゆ…小さじ2
- みりん…小さじ2
- 塩…小さじ1/4
- ごま油…小さじ2

作り方

1. 鶏肉は2cm角に切る。厚揚げはたっぷりのお湯に30秒ほど入れて下ゆでをし、水けをきって1.5cm角に切る。

2. 玉ねぎはみじん切りにする。大根とにんじんはそれぞれ3mm厚さのいちょう切りにする。ごぼうはささがきにし、使用するまで水をはったボウルにつけておく。干ししいたけは水100ml（分量外）に一晩つけて戻し、2mm厚さの薄切りにする。戻し汁は捨てずにとっておく。

3. 鍋にごま油をひき、2の戻し汁以外の材料を入れて8～10分ほど弱火でしっかりと炒める。野菜がしんなりとしてきたら1の鶏肉を入れて、表面に焼き色がついたら和風だし、2の干ししいたけの戻し汁、酒を加えて一煮立ちさせる。アクが出てきたら、そのつどすくう。

4. 3に1の厚揚げを入れ、しょうゆ、みりんで味つけする。5分ほど煮込み、塩で味をととのえる。

料理メモ 干ししいたけはグアニル酸という旨み成分があり、和風だしと合わせるとスープの旨みがアップします。

揚げだし豆腐のゆずこしょうスープ

1人当たり
114
kcal

材料（2〜3人分）

木綿豆腐…1丁（約300g）
長ねぎ…20g
片栗粉…小さじ2〜3
サラダ油…適量
A ┃ 和風だし（P.101参照）…400ml
　┃ めんつゆ（3倍濃縮）…大さじ1と1/2
ゆずこしょう…小さじ1/4
水溶き片栗粉（片栗粉1：水1）…適量

作り方

1　豆腐はペーパータオルで包み、平らな皿などをのせて30分ほどおいて水けをきり、4等分にする。長ねぎは縦に切れ目を入れて軸を取り除き、千切りにして2分ほど水（分量外）にさらし、水けをきる。

2　1の豆腐の表面に片栗粉を薄くまぶす。フライパンにサラダ油を2cm深さほど入れて、170℃に温める。豆腐を揚げて、豆腐の表面が揚がったらバットに取り出す。

3　Aを鍋に入れて中火で温め、途中で2の豆腐を入れて2分ほど温める。水溶き片栗粉でとろみをつけたら、ゆずこしょうを溶く。器にスープを盛り、1のねぎを添える。

 料理メモ　豆腐の表面にうっすらと揚げ色がついた瞬間に取り出すと、見た目や軽い味わいがちょうどいいです。

ミニトマトの冷やしおでん風スープ

1人当たり
13 kcal

材料（2〜3人分）

ミニトマト…10個
和風だし（P.101参照）…300ml
しょうゆ…小さじ1
塩…少々

作り方

1. ミニトマトはヘタを取り、つまようじなどで1カ所穴をあける。沸騰したお湯に5秒ほど入れ、氷水に取り出して皮をむき、水けをきる。
2. 鍋に和風だしを入れて、沸騰寸前で火をとめる。しょうゆ、塩で味つけし、1を入れて粗熱をとる。
3. 2の粗熱がとれたらボウルに移し、ラップをして冷蔵庫で2時間ほど冷やす。

料理メモ 和風だしに含まれるイノシン酸とトマトのグルタミン酸を合わせると、旨みの相乗効果になります。

春菊の豚汁スープ

1人当たり
211 kcal

材料（2〜3人分）

- 豚バラ肉… 100g
- 春菊… 1束（50g）
- 大根… 50g
- にんじん… 1/3本（50g）
- ごぼう… 1.5本（30g）
- こんにゃく（アク抜き済）… 小1/4枚（80g）
- 和風だし（P.101参照）… 600ml
- 酒… 大さじ1
- みそ… 大さじ2
- 七味唐辛子… 適量
- ごま油… 小さじ2

作り方

1. 豚肉は4cm幅に切る。春菊は軸を切り、3cm幅に切る。大根は3mm厚さのいちょう切りにする。にんじんは3mm厚さの半月切りにする。ごぼうは6cm幅に切り、縦6等分に切る。こんにゃくはスプーンで食べやすい大きさにすくう。
2. 鍋にごま油をひき、1の大根、にんじん、ごぼう、こんにゃくを中火で炒める。野菜がしんなりとしてきたら、和風だしを入れる。沸騰寸前で弱火にして酒を加え、豚肉を1枚ずつ入れて10分ほど煮込む。アクが出てきたら、そのつどすくう。
3. 2にみそを溶き入れて味をととのえ、1の春菊を入れて弱火で2分ほどさらに煮込む。
4. 器にスープを盛り、七味唐辛子をふりかける。

 料理メモ 春菊にはβ-カロテンが豊富で、風邪予防に効果的。豚肉と一緒に摂れば栄養の吸収率がさらにアップ。

小松菜としらすのゆず豆乳スープ

1人当たり 146 kcal

材料（2～3人分）

- 小松菜…1束（60g）
- かぶ（小）…2個（80g）
- しらす（干しまたは釜揚げ）…100g
- ゆず…適量
- 和風だし（P.101参照）…200ml
- 豆乳（無調整）…400ml
- みそ…大さじ1
- オリーブオイル…小さじ2

作り方

1. 小松菜は3cm幅に切る。かぶはしっかりと水で洗って根元の土を取り除き、縦8等分のくし切りにする。ゆずは皮の表面をしっかりと洗い、表面を削いで千切りにする。
2. 鍋にオリーブオイルをひき、1のかぶの表面にうっすら焼き色がつくまで中火で炒める。和風だしを入れて5分ほど温める。
3. 2に豆乳を入れて沸騰させない状態を保ちながら温め、表面に湯気が出てきたら1の小松菜、しらすを入れてみそを溶く。
4. 器にスープを盛り、1のゆずの皮を添える。

料理メモ かぶは表面に焼き色がつくまで焼くと甘みが引き出されて、ほのかな香ばしさがスープに広がります。

野沢菜とわさびのたらこスープ

1人当たり
185 kcal

材料（2〜3人分）

豚こま切れ肉…100g
野沢菜漬け（市販）…50g
大根…60g
たらこ…1腹（80g）
鶏だし（P.099参照）…500ml
しょうゆ…小さじ2
練りわさび…小さじ1/4
バター…15g

作り方

1 野沢菜漬けは3cm幅に切る。大根は1cm角に切る。たらこはグリルで両面に焼き色がつくまで焼き、なかが半熟状態で取り出す。

2 鍋にバターをひき、豚肉、1の野沢菜、大根を中火で炒める。豚肉に火が通ったら鶏だしを入れて、沸騰寸前で弱火にして5分ほど温める。アクが出てきたら、そのつどすくう。

3 2にしょうゆを回し入れて、練りわさびを溶く。器にスープを盛り、半分に切った1のたらこを添える。

 料理メモ　たらこは半熟状態でスープにほぐしながら食べましょう。練りわさびは火にかけるとやさしい味わいに。

ごぼうとれんこんの
きんぴら風ピリ辛スープ

1人当たり
234 kcal

材料（2〜3人分）

牛バラ肉… 100g
ごぼう… 1/2本（75g）
れんこん… 80g
しょうが… 2片（12g）
和風だし（P.101参照）… 500ml
酒… 50ml
A ┃ みそ… 大さじ1
　┃ しょうゆ… 小さじ2
　┃ 砂糖… 小さじ1
　┃ コチュジャン… 小さじ1
いりごま（黒）… 適量
ごま油… 小さじ2

作り方

1 ごぼうは6cm幅に切り、縦6等分に切る。れんこんは大きめの乱切りにする。ごぼうとれんこんは使用するまで水をはったボウルにつけておく。しょうがはみじん切りにする。Aは混ぜ合わせておく。

2 鍋にごま油をひき、**1**のしょうがを弱火で炒める。しょうがの香りがたってきたら、**1**のごぼう、れんこんを入れて中火で3分ほど炒める。野菜がしんなりとしたら、牛肉を入れて炒める。

3 **2**に酒を加え、汁けがなくなるまで中火で炒める。和風だしを入れて沸騰寸前で弱火にし、10分煮込む。アクが出てきたら、そのつどすくう。

4 **3**にAを溶き入れて、器にスープを盛り、いりごまをふりかける。

アレンジ

きんぴら風水餃子

材料（1人分）

ごぼうとれんこんの
　きんぴら風ピリ辛スープ… 300ml
水餃子（市販）… 4個

作り方

1 鍋にスープを入れて温め、水餃子を入れて5分ほど弱火で温める。

料理メモ　ごぼうとれんこんは大きめにカットすることで、食べごたえのあるスープにしています。食材をよく噛んで食べると満腹中枢が刺激されるので、お腹が満たされて食べすぎ防止につながります。

094

塩麹鶏つくねのわかめスープ

1人当たり 181 kcal

材料（2〜3人分）

鶏ひき肉…150g

A
- 玉ねぎ…1/4個(50g)
- 大葉…2枚
- しょうが…1片(6g)
- 塩麹…小さじ2 (つくね分)
- 溶き卵…1/2個分
- 片栗粉…大さじ1〜2

わかめ(塩蔵)…20g
鶏だし(P.099参照)…500ml
酒…大さじ2
塩麹…大さじ1 (スープ分)
いりごま(白)…小さじ2

作り方

1. 鶏つくねを作る。Aの玉ねぎ、大葉はそれぞれみじん切りにする。しょうがはすりおろす。ボウルに鶏肉、Aをすべて入れて、粘りけが出るまで混ぜ合わせ、7個分ほど丸型に成形する。

2. わかめはよく洗って塩を落とし、2cm幅に切る。

3. 鍋に鶏だし、酒を入れて、中火にかけて沸騰寸前で弱火にする。表面がゆっくりとグラグラするくらいを保つ。

4. 鍋に1の鶏つくねを入れて、火が通るまで7〜8分ほど煮込む。アクが出てきたら、そのつどすくう。

5. 3に塩麹大さじ1、2のわかめ、いりごまを入れてゆっくりと混ぜる。

料理メモ 塩麹に含まれる酵素は肉の旨みと甘みを引き出すため、タネに入れると味わい深いつくねに仕上がります。

豚しゃぶのみぞれスープ かぼす風味

1人当たり **160 kcal**

材料（2〜3人分）

豚ロース肉（しゃぶしゃぶ用）… 100g
白菜… 葉1枚（約70g）
大根… 80g
まいたけ… 1/2パック（50g）
焼き豆腐（市販）… 1/2丁（約150g）
鶏だし（P.099参照）… 600ml
酒… 大さじ2
しょうゆ… 小さじ2
みりん… 小さじ2
塩… 小さじ1/4
かぼす（薄切り）… 適量

作り方

1　白菜は大きめの一口大に切る。大根はすりおろして、ペーパータオルなどで汁けを絞る。まいたけは石づきを切り、手で食べやすい大きさにさく。豆腐は1.5cm角に切る。

2　たっぷり沸かしたお湯（分量外）に、豚肉を1枚ずつ入れてさっとゆで、氷水で冷やして水けをきる。

3　鍋に鶏だし、酒を入れて中火にかけ、沸騰寸前で弱火にする。1の白菜、まいたけ、豆腐を入れて4〜5分ほど煮込み、しょうゆ、みりん、塩で味をととのえる。

4　3に2の豚肉を入れてさっと温めたら、器にスープを盛り、1の大根おろし、薄切りにしたかぼすを添える。

料理メモ　お好みで、器に盛ったスープにポン酢を回しかけると、あっさりとおいしくなるのでおすすめです。

column 2

ライフスタイルに合わせて だしを楽しむ

自家製のだしはまろやかでコクがあり、素材の旨みが凝縮。
このひと手間でスープがさらにおいしくなります。

ポイント①
だしごとの調理法で、素材の味を引き出す

野菜だしと鶏だしは、沸騰しすぎない弱火でじっくり煮込むと野菜の甘み、肉の旨みがだしに溶け込みます。和風だしは沸騰しすぎない弱火で、煮込み時間をしっかり守ることで雑味のない味に。

ポイント②
余計なアクを取るために漉す

じっくり煮込んだだしには余計な脂やアクが出てくるので、布巾などをひいたザルに流し込んでしっかりと漉しましょう。おいしいスープを作るためには繊細で良質なだしを使うことが大切です。

顆粒だし、だしパックでもっと手軽に

忙しくてだしをとる時間がない、料理初心者でだしをとったことがない、そんな方におすすめしたいのが「顆粒だし」や「だしパック」です。顆粒だしやだしパックを使用する際は、できるだけ添加物が少ないものを選んでください。また、顆粒だしは塩分が添加されているものが多いので、表示量より少なめに入れて味を調整してください。

野菜だし　鶏だし　茅乃舎だし

おすすめしたい【茅乃舎】のだしパック
・『野菜だし (8g×5袋入)』（野菜だし）
・『鶏だし (8g×5袋入)』（鶏だし）
・『茅乃舎だし (8g×5袋入)』（和風だし）
[取り扱い先：茅乃舎]

だしの保存方法

だしは、チャックつきの保存袋に移して、保存期間を長くするために空気をしっかりと抜きましょう。酸化や霜焼け防止になります。

鶏だし

鶏肉の深い旨みが味わえます。
ジャンルを問わずに使える、万能だしです。

煮込み時間：40分

材料（できあがり1.5ℓ分）

鶏もも肉…2枚(500g)
鶏手羽先…8本
しょうが…2片(12g)
長ねぎ(青い部分)…2本分
紹興酒(または酒)…100ml
水…3ℓ

作り方

1. 鶏肉は一口大に切る。鶏手羽先は表面にフォークなどで8カ所ほど穴をあける。しょうがは薄切りにする。
2. 鍋に水、1、すべての材料を入れ、強火にかけて沸騰寸前で弱火にする。フタをして40分ほど煮込む。アクが出てきたらそのつどすくう。
3. ボウルの上にザルをおき、布巾などをひいて、ゆっくり流し入れて漉す。

鶏の旨みエキス豊富な白色のだしです。煮出したあとの手羽先は照り焼きに、鶏もも肉はサラダなどに。

<冷蔵保存の場合>
3〜4日間

<冷凍保存の場合>
約1カ月間

野菜だし

コンソメ風の自家製だし。野菜は皮の部分にも栄養が豊富に含まれているので、一緒に煮込みましょう。

煮込み時間：40分

材料（できあがり1.5ℓ分）

鶏もも肉…1枚(250g)　セロリ…1本　　　　　　ローリエ…1枚
玉ねぎ…1個(200g)　　キャベツ…小1/2個(250g)　水…3ℓ
にんじん…1本　　　　にんにく…2片(12g)

作り方

1. 鶏肉は一口大に切る。玉ねぎは皮の汚れをふき取り、皮つきのままざく切りにする。にんじんは皮つきのまま小さめの乱切りにする。セロリは斜め切りにし、葉はざく切りにする。キャベツは小さめのざく切りにする。
2. 鍋に水、1、にんにくを入れ、強火にかけて沸騰寸前で弱火にする。沸騰しない状態を保ちながら、40分ほど煮込む。途中でローリエを入れ、アクが出てきたらそのつどすくう。
3. ボウルの上にザルをおき、布巾などをひいて、ゆっくり流し入れて漉す。

鶏肉と野菜の旨みが抽出された、やや茶色がかっただしです。ポタージュやポトフなどのスープに合います。

＜冷蔵保存の場合＞
3〜4日間

＜冷凍保存の場合＞
2〜3週間

和風だし

動物性の旨みのかつおと、植物性の旨みの昆布を合わせるとおいしさが増します。

水につける時間：30分以上

材料（できあがり1.5ℓ分）

昆布… 20g
かつお節… 30g
水… 1.8ℓ

作り方

1. 鍋に水と昆布を入れて、30分以上つける。鍋を弱火にかけ、表面がグラグラとしてきたら、昆布を取り除く。
2. 1を強火にしてかつお節を入れ、沸騰寸前で弱火にする。アクが出てきたらそのつどすくい、3分ほど沸騰しない状態で保つ。
3. ボウルの上にザルをおき、布巾などをひいて、ゆっくり流し入れて漉す。

加熱しすぎてしまうとスープにえぐみや苦味が出てしまうので、煮込みすぎないよう注意しましょう。

<冷蔵保存の場合>
2〜3日間

<冷凍保存の場合>
2〜3週間

3章 エスニックスープ

アジアの活気が感じられるような、
元気いっぱいの野菜がたっぷり楽しめるスープです。
ハーブや柑橘と一緒に合わせれば、
最後までさっぱりと食べられます。
フォーやジャスミンライスと一緒に、
いい汗をかきながらどうぞ。

グリーンカレースープ

1人当たり
383 kcal

材料（2〜3人分）

鶏手羽元…4本
しめじ…1/2パック（50g）
ヤングコーン…2本
ミニトマト…4個
ココナッツミルク…1缶（400ml）
豆乳（無調整）…200ml
グリーンカレーペースト（市販）
　…大さじ1と1/2
ナンプラー…小さじ2
三温糖…小さじ2
粗挽き黒こしょう…少々
オリーブオイル…小さじ2

作り方

1. しめじは石づきを切り、小房に分ける。ヤングコーンは斜め切りにする。ミニトマトはヘタを取る。
2. 鍋にオリーブオイルをひき、鶏手羽元を並べて、表面に焼き色がつくまで中火で焼く。ココナッツミルク、豆乳を入れて、沸騰しない程度の弱火で5分ほど温める。
3. 2に1を入れて、グリーンカレーペーストを溶きほぐし、ナンプラー、三温糖を加えて味つけする。
4. 器にスープを盛り、粗挽き黒こしょうをふりかける。

アレンジ

グリーンカレーグラタン

材料（1人分）

グリーンカレースープ…100ml
バゲット…6枚
ピザ用チーズ（とろけるタイプ）…適量

作り方

1. バゲットを食べやすい大きさに割り、耐熱皿に並べる。スープを注いでバゲットを浸し、上からピザ用チーズをまんべんなくふりかける。
2. オーブントースターで、ピザ用チーズが溶けるまで5分ほど焼く。

料理メモ　ココナッツミルクでやさしい口あたりの、ボリューム満点なグリーンカレースープ。豆乳は沸騰状態が続くと分離してしまうので、加熱しすぎた場合はいったん火をとめて温度を下げるなど、調整してください。

トムカーガイスープ

1人当たり
380 kcal

材料（2〜3人分）

鶏もも肉…1/2枚（約130g）
白菜…葉2枚（100g）
しょうが…2片（12g）
ココナッツミルク…1缶（400ml）
牛乳…200ml
トムヤムクンペースト（市販）
　…大さじ2
ナンプラー…小さじ2
レモン汁…小さじ2
オリーブオイル…小さじ2
レモン（1/8のくし切り）…適量

作り方

1　鶏肉は一口大に切る。白菜は3cm幅に切る。しょうがは薄切りにする。

2　鍋にオリーブオイルをひき、1の鶏肉の皮面を下にして並べ、ひっくり返して両面に焼き色がつくまで中火で焼く。白菜としょうがを入れて1分ほどさっと炒め、ココナッツミルク、牛乳を入れて弱火で煮込む。

3　2が温まり、鶏肉に火が通ったら、トムヤムクンペーストを入れて溶きほぐす。ナンプラー、レモン汁を加えて味をととのえ、1/8にカットしたレモンを添える。

アレンジ

トムヤムリゾット

材料（1人分）

トムカーガイスープ…150ml
温かいごはん…50g
パルメザンチーズ（粉末）…適量
粗挽き黒こしょう…適量
パクチー…適量

作り方

1　パクチーは2cm幅に切る。鍋にスープとごはんを入れて、ごはんにスープがなじむまで弱火で温め、パルメザンチーズをふりかける。

2　1を器に盛りパクチーを添えて、粗挽き黒こしょうをふりかける。

料理メモ　トムカーガイを食べたことがない方は、「タイ風のココナッツミルクスープ」をイメージしてみてください。しょうがをたっぷりと入れることで、独特の辛さがココナッツミルクの甘さをひきしめます。

パクチー団子の柑橘スープ

1人当たり 133 kcal

材料（2〜3人分）

A
- 鶏ひき肉…150g
- パクチー（根・茎・葉を使用）…1株
- 酒、ごま油…各小さじ1
- しょうゆ…小さじ2
- 塩、粗挽き黒こしょう…各少々
- 片栗粉…小さじ2

すだち…1個
しょうが…2片（12g）
鶏だし（P.099参照）…400ml
ナンプラー…小さじ1
粗挽き黒こしょう…少々

作り方

1. Aのパクチーは根・茎・葉をみじん切りにする。すだちは薄切りにする。しょうがは千切りにする。

2. パクチー団子を作る。ボウルにAを入れて、粘りけが出るまで混ぜ、一口大の丸型に成形する。

3. 鍋に1のしょうが、鶏だしを入れて中火で温める。沸騰寸前で弱火にし、2のパクチー団子を入れて5分ほど煮込み、ナンプラーを回しかけて味をととのえる。

4. 器にスープを盛り、1のすだちを添えて、粗挽き黒こしょうをふりかける。

 料理メモ　すだちは酸味が強くさわやかなので、スープに入れるとさっぱりと爽快な味わいに仕上がります。

鶏肉とパクチーのライムスープ

1人当たり 187 kcal

材料（2～3人分）

鶏もも肉…1枚(250g)
パクチー（根・茎・葉を使用）…1株
和風だし(P.101参照)…600ml
紹興酒…大さじ1
こぶみかんの葉（乾燥）…6枚
塩、粗挽き黒こしょう…各小さじ1/4
ライム汁…大さじ1
ライム（輪切り）…4枚

作り方

1. 鶏肉はフォークで表面に数カ所穴をあけ、塩と粗挽き黒こしょうをもみ込んで下味をつける。パクチーは根を切り落とし、茎と葉は2cm幅に切る。

2. 鍋に1の鶏肉、パクチーの根、和風だし、紹興酒、こぶみかんの葉を入れ、フタをして弱火で20分ほど煮込む。20分経ったらライム汁を加え、軽く混ぜる。

3. 2の鶏肉を取り出してそぎ切りにし、器に盛る。スープを注ぎ入れ、1のパクチーの茎と葉、輪切りにしたライムを添える。

 料理メモ　鶏肉は、下味をつけて2時間以上冷蔵庫で漬け込むと味が染み込み、さらにおいしくなります。

レモングラスの手羽先スープ

1人当たり **287** kcal

材料（2〜3人分）
- 鶏手羽先…6本
- レモングラス(生)…2本
- 大根…100g
- 水…800ml
- 塩…小さじ1/2
- 粗挽き黒こしょう…少々

作り方
1. 鶏手羽先は塩小さじ1/2のうち1/4分をふりかけて表面をもみ込み、流水で洗う。レモングラスは外皮を2枚ほどむき、茎の部分を棒などでたたいてみじん切りにする。大根は3mm幅のいちょう切りにする。
2. 鍋に水、1の鶏手羽先、レモングラスを入れてフタをし、弱火で40分ほど煮込む。残りの塩と粗挽き黒こしょうを加えて味をととのえる。

 アレンジ

レモングラス鶏飯

材料（1人分）
- レモングラスの手羽先スープ（手羽先を使用）…4本分
- 温かいごはん…150g
- 小ねぎ…適量
- 粗挽き黒こしょう…少々

作り方
1. 鶏手羽先は箸で身をほぐす。ねぎは小口切りにする。
2. ボウルに1の手羽先、ごはんを入れて混ぜ、器に盛って1のねぎを散らし、粗挽き黒こしょうをふりかける。

 鶏手羽先、レモングラス、大根というシンプルなスープだからこそ、スープの旨みが身体に直接しみわたります。スープを食べる際にナンプラーを入れるのもおすすめです。

ゆずこしょうのグリーンカレースープ

1人当たり 346 kcal

材料（2～3人分）

鶏もも肉…1/2枚（約130g）
ズッキーニ…1/2本
パプリカ（黄）…1/2個
オクラ…2本
水…200ml
ココナッツミルク…1缶（400ml）
カレー粉…大さじ1
ゆずこしょう…大さじ1/2
ナンプラー…大さじ1
きび砂糖…小さじ2
バジル（葉）…適量
ココナッツオイル（なければオリーブオイルでも可）…小さじ2

作り方

1. 鶏肉は一口大に切る。ズッキーニは1cm幅に切る。パプリカは5mm幅の薄切りにする。オクラは塩少々（分量外）をふりかけてまな板にこすりつけ、産毛が取れたら水洗いをして斜め切りにする。

2. 鍋にココナッツオイルをひき、1の鶏肉の皮面を下にして入れて中火で焼く。ひっくり返して両面に焼き色がついたらズッキーニ、パプリカを入れてさっと炒め、水を入れて弱火で4～5分ほど温めたらココナッツミルクを入れる。

3. スープの表面がグラグラしてきたら、カレー粉、ゆずこしょうを加えて溶く。1のオクラを入れて30秒ほどさっと火を通し、ナンプラー、きび砂糖を加えて味をととのえる。器にスープを盛り、バジルを添える。

カリカリチキンのグリーンカレーソース

材料（1人分）

ゆずこしょうのグリーンカレースープ…大さじ4
鶏もも肉…1枚（250g）
A | はちみつ…小さじ2
　 | 塩…小さじ1/4
薄力粉…小さじ2
バター…10g

作り方

1. 鶏肉はフォークで表面に数カ所穴をあけ、Aをもみ込む。チャックつき保存袋に入れて、冷蔵庫で20分以上漬け込む。ボウルにスープと薄力粉を入れて混ぜる（ソースのもと）。

2. ソースを作る。フライパンにバターをひき、バターが溶けたところに1のソースのもとを流し込む。弱火で、ヘラで鍋底をおさえるようにしてゆっくりと撹拌し、とろみをつける。

3. 1の鶏肉を保存袋から取り出し、200℃に予熱したオーブンで20分ほど焼く。焼けたら皿にのせ、2のソースをかける。

 ゆずこしょうのさわやかな辛さで、いつものグリーンカレーとは違った味わいになります。ゆずこしょうはメーカーによって辛さが異なるため、辛いのが苦手な方は入れる量を調整してください。

手羽元とさつまいもの
レッドカレースープ

1人当たり 486 kcal

材料（2〜3人分）

鶏手羽元… 6本

さつまいも… 1本(200g)

水… 200ml

ココナッツミルク… 1缶(400ml)

レッドカレーペースト(市販)
　…大さじ1と1/2

ナンプラー…小さじ2

塩、粗挽き黒こしょう…各少々

片栗粉…適量

ごま油…小さじ2

作り方

1 鶏手羽元はフォークで表面に数カ所穴をあけて、塩と粗挽き黒こしょうをしっかりともみ込み、表面に薄く片栗粉をまぶす。さつまいもは皮つきのまま1cm厚さに切る。

2 鍋にごま油をひき、1の鶏手羽元の表面を下にして並べ、焼き色がつくまで中火で焼く。さつまいも、水を入れてフタをし、弱火で8〜9分ほど煮込む。アクが出てきたら、そのつどすくう。

3 2にココナッツミルクを入れて弱火で温め、レッドカレーペーストを加えて溶きほぐし、ナンプラーで味をととのえる。

 鶏手羽元を片栗粉でコーティングするとジューシーに焼きあがる上に、スープのとろみづけにもなります。

ルーロンハン風煮込みスープ

1人当たり 375 kcal

材料（2〜3人分）

豚バラ肉かたまり…200g
しいたけ…4個
れんこん…60g
玉ねぎ…1/2個(100g)
セロリ…1/2本(50g)

A
- 水…400ml
- しょうゆ…大さじ2
- 紹興酒、砂糖…各大さじ1
- 八角…2個

鶏だし（P.099参照）…500ml
オイスターソース…小さじ2
粗挽き黒こしょう…小さじ1/4
ごま油…小さじ2

作り方

1. 豚肉は1.5cm角に切る。しいたけは石づきを切り、縦4等分に切る。れんこんは乱切りにする。玉ねぎ、セロリはそれぞれみじん切りにする。

2. 鍋にごま油をひき、1のれんこん、玉ねぎ、セロリを中火で炒める。玉ねぎがしんなりとしたら豚肉を入れて、表面に焼き色がつくまで焼く。

3. 2にAを入れて、フタをずらして弱火で40〜50分ほど煮込む。途中でときどきフタをあけて、アクをすくう。

4. 豚肉がやわらかく煮えたら、鶏だし、オイスターソースを入れて味をととのえ、温める。器にスープを盛り、粗挽き黒こしょうをふりかける。

 料理メモ　長時間煮込むときはホーロー鍋がおすすめ。五香粉を小さじ1入れて煮込むと、さらに香り高くなります。

ゴーヤの肉詰めスープ

1人当たり 178 kcal

材料（2〜3人分）

ゴーヤ…1本（200g）

豚ひき肉…150g

こぶみかんの葉（乾燥）…6枚

A ┃ しょうゆ…小さじ2
　┃ 酒…小さじ2
　┃ 塩、粗挽き黒こしょう…各少々

鶏だし（P.099参照）…500ml

ナンプラー…小さじ2

レモン汁…小さじ2

ごま油…小さじ2

作り方

1. ゴーヤは1.5cm幅の輪切りにし、種とワタをスプーンで取り除く。ゴーヤの内側に薄力粉（分量外）を指で薄くまぶしておく。こぶみかんの葉は手でバリバリと砕く。

2. ボウルに豚肉、こぶみかんの葉、Aを入れて、粘りけが出るまで混ぜ合わせたら、1のゴーヤに詰める。

3. 鍋にごま油をひき、2のゴーヤを並べて両面に焼き色がつくまで中火で焼く。

4. 3に鶏だしを入れて沸騰寸前で弱火にし、4〜5分ほど煮込む。ナンプラー、レモン汁を加えて味つけする。

料理メモ　ゴーヤの苦味成分であるモモルデシンは、胃液の分泌を助け、食欲増進に効果的です。苦味もぜひ味わって。

豚肉とクレソンの山芋スープ

1人当たり 164 kcal

材料（2～3人分）

豚ひき肉…100g

クレソン…1束（80g）

山芋…80g

しょうが…1片（6g）

干しえび…大さじ1

鶏だし（P.099参照）…500ml

酒…大さじ1

ナンプラー…小さじ2

ごま油…小さじ2

作り方

1. クレソンは2cm幅に切る。山芋はすりおろす。しょうがはみじん切りにする。干しえびは水50ml（分量外）に半日ほどつけて、水けをきり、みじん切りにする。戻し汁は捨てずにとっておく。

2. 鍋にごま油をひき、1のしょうが、干しえびを入れて弱火で炒める。しょうがの香りがたってきたら、豚肉を入れてそぼろ状になるようにヘラなどで炒める。

3. 2に1の干しえびの戻し汁、鶏だし、酒を入れて弱火で煮込み、アクが出てきたらそのつどすくう。

4. 3に1のクレソンを入れて1分ほど温める。ナンプラーで味をととのえて器に盛り、1の山芋をのせる。

料理メモ　クレソンは生で食べるイメージですが、スープはもちろん、ゆでておひたしなどにするのもおすすめです。

ガパオ風半熟卵のスープ

1人当たり
288
kcal

材料（2人分）

鶏ひき肉…100g

玉ねぎ…1/4個(50g)

パプリカ(赤)…1/4個

キャベツ…葉2枚(100g)

にんにく…1片(6g)

赤とうがらし…1本

こぶみかんの葉
　　（乾燥・なくても可）…4枚

A｜ナンプラー…小さじ2
　｜オイスターソース…小さじ2
　｜砂糖…小さじ2

鶏だし(P.099参照)…500ml

オリーブオイル…小さじ2

温泉卵(P.056参照)…2個

バジル…適量

作り方

1. 玉ねぎはみじん切りにする。パプリカは1.5cm角に切る。キャベツは一口大に切る。にんにくはみじん切りにする。赤とうがらしは種を取り除き、輪切りにする。こぶみかんの葉は手でバリバリと砕く。

2. 鍋にオリーブオイルをひき、1のにんにく、赤とうがらしを弱火で炒める。にんにくの香りがたってきたら、玉ねぎを入れて中火で炒める。玉ねぎがしんなりしてきたら鶏肉、こぶみかんの葉を入れて、鶏肉がそぼろ状になるようにヘラなどで炒める。

3. 2に1のパプリカ、Aを入れて1分ほどさっと炒める。1のキャベツ、鶏だしを入れて、キャベツがしんなりするまで煮込む。

4. 器にスープを盛り、温泉卵とバジルを添える。

料理メモ ガパオライスをアレンジし、野菜の食感を残して食べごたえのあるレシピに。パプリカに含まれるカロテンは、油で炒めると身体への吸収率がアップするので、煮込む前に炒めます。

サルサ風ガスパチョ

1人当たり **64** kcal

材料（2〜3人分）

トマト…2個（200g）
パプリカ(赤)…1/2個
セロリ…1/3本（30g）
きゅうり…1/2本（50g）
にんにく…1片（6g）
トマトジュース(無糖)…200ml
A｜りんご酢…大さじ1
　｜塩…小さじ1/3
オリーブオイル…小さじ2
タバスコ…小さじ1/2

作り方

1. トマト、パプリカ、セロリ、きゅうりはそれぞれ粗めのみじん切りにする。パプリカ、セロリ、きゅうりはトッピング用に小さじ1程度とっておく。にんにくは細かくみじん切りにする。
2. 1、トマトジュースをミキサーまたはハンドブレンダーで、なめらかになるまで撹拌する。
3. 2にAを入れて20秒ほどミキサーまたはハンドブレンダーで撹拌し、ボウルなどに移す。ラップをして、冷蔵庫で2時間以上冷やす。
4. 器に3を注ぎ入れ、オリーブオイル、タバスコを回しかける。

 料理メモ　トマトに含まれるリコピンはメラニン色素の生成を抑える働きがあり、美白効果が期待できます。

タイハーブ香る、
レタスとトマトのスープ

1人当たり
23 kcal

材料（2〜3人分）

レタス…葉4枚(80g)

ミニトマト…6個

鶏だし(P.099参照)…400ml

こぶみかんの葉(乾燥)…4枚

ナンプラー…小さじ1

レモン汁…小さじ2

粗挽き黒こしょう…少々

レモン(いちょう切り)…適量

作り方

1 レタスは食べやすい大きさに手でちぎる。ミニトマトはつまようじで1カ所穴をあけ、熱湯(分量外)にさっとくぐらせて氷水で冷やし、皮をむく。

2 鍋に鶏だし、こぶみかんの葉を入れて中火で温め、沸騰寸前で弱火にする。1を入れてナンプラー、レモン汁で味つけし、1分ほど煮込む。

3 器にスープを盛り、粗挽き黒こしょうをふりかけていちょう切りにしたレモンをのせる。

料理メモ　レタスのシャキシャキ感を楽しむスープなので、最後にさっと煮込んで火を通す程度が丁度いいです。

クミン香る、ポテトカレースープ

1人当たり 247 kcal

材料（2〜3人分）

じゃがいも…2個（200g）
ウインナーソーセージ
　（ロングタイプ）…3本
玉ねぎ…1/4個（50g）
野菜だし（P.100参照）…500ml
クミンシード…小さじ1
カレー粉…小さじ2
ガラムマサラ…小さじ1
塩…少々
粗挽き黒こしょう…少々
オリーブオイル…大さじ1

作り方

1　じゃがいもは皮をむいて輪切りにし、使用するまで水をはったボウルにつけておく。ウインナーは表面に切れ目を入れる。玉ねぎは1cm厚さのくし切りにする。

2　鍋にオリーブオイルをひき、クミンシードを弱火で炒める。クミンの粒のまわりがフツフツと泡立ち、香りがたってきたら、1のじゃがいも、玉ねぎを入れて中火で軽く炒める。

3　2に野菜だしを入れてフタをし、7分ほど煮込む。カレー粉、ガラムマサラを加えて味をなじませたら、1のウインナーを入れて3分ほど温める。

4　じゃがいもに竹串をさしてスッと入ったら、塩と粗挽き黒こしょうで味をととのえる。

料理メモ　クミンは最初に弱火でじっくりと炒めて香りを引き出します。焦げやすいので火加減に注意しましょう。

メキシコ風チリコンカンスープ

1人当たり
210 kcal

材料（2〜3人分）

牛豚合挽き肉…80g
玉ねぎ…1/4個（50g）
にんにく…1片（6g）
クミンシード…小さじ2

A
- レッドキドニービーンズ（水煮）…50g
- トマト缶（カット）…1/2缶（200g）
- 野菜だし（P.100参照）…400ml
- ケチャップ…大さじ2
- みそ…小さじ2

ワイン（赤）…大さじ2
チリパウダー…大さじ1
塩…少々
オリーブオイル…小さじ2

作り方

1. 玉ねぎ、にんにくはそれぞれみじん切りにする。
2. 鍋にオリーブオイルをひき、1のにんにく、クミンシードを弱火で炒める。クミンの粒のまわりがフツフツと泡立ち、香りがたってきたら、1の玉ねぎを入れて中火で炒める。
3. 玉ねぎがしんなりとしたら合挽き肉を入れ、ヘラなどでそぼろ状になるように炒める。合挽き肉に半分ほど火が通り白っぽくなったら、A、ワインを入れて弱火で10分ほど煮込む。
4. 3にチリパウダー、塩少々を加えて味をととのえる。

※冷凍で2〜3週間保存可能。

 料理メモ　チリパウダーはとうがらし、オレガノ、クミン、ガーリックなどがブレンドされたメキシコ料理の定番スパイス。

ディルとあさりのナンプラースープ

1人当たり 77 kcal

材料（2〜3人分）

- あさり…200g
- ディル（葉）…1枝分
- ミニトマト…6個
- しょうが…2片(12g)
- 赤とうがらし…1/2本
- 酒…大さじ2
- 鶏だし(P.099参照)…500ml
- ナンプラー…小さじ2
- 粗挽き黒こしょう…少々
- ごま油…小さじ2

作り方

1. あさりの砂抜きをする。バットにあさりを並べて、あさりがかぶるくらいまで塩水（水500mlに対し、塩15gの割合）を注ぎ入れる。新聞紙などをかぶせて3時間ほどおき、水（分量外）で殻同士をこすりながらしっかり洗う。
2. ミニトマトはヘタを取る。しょうがは薄切りにする。赤とうがらしは種を取り除き、輪切りにする。
3. 鍋にごま油をひき、2のしょうが、赤とうがらしを弱火で炒める。しょうがの香りがたってきたら中火にし、1のあさり、酒を入れてフタをする。あさりの口が開いたら鶏だしを入れ、沸騰寸前で弱火にし、2のミニトマトを入れる。
4. ナンプラーと粗挽き黒こしょうで味をととのえ、器にスープを盛り、ディルの葉を添える。

アレンジ

海鮮フォー

材料（1人分）

- ディルとあさりのナンプラースープ…400ml
- 米麺…1束(80g)
- レモン(1/8のくし切り)…適量

作り方

1. 米麺は表示規定時間より1分早くゆで、流水で洗い、水けをしっかりときる。
2. 鍋でスープを温め、沸騰寸前で弱火にする。1を入れ、1分ほど温める。
3. 器に2を盛り、1/8にカットしたレモンを添える。

 ディルは北欧やヨーロッパの料理で使われているイメージがありますが、ベトナムなどのアジア圏でも多く使われています。特に魚介系のスープに合わせると、さわやかでおいしい味わいになります。

料理メモ 3種の魚介の旨みをスープに染み込ませます。パスタを入れると、アラビアータ風にアレンジできます。

料理メモ しじみにたっぷり含まれるオルニチンが肝臓に働きかけ、二日酔い予防や疲労回復効果が期待できます。

いかのブイヤベース風
レッドカレースープ

1人当たり
185
kcal

材料（2〜3人分）

いか…1ぱい

あさり…100g

たら（切り身）…1切れ

玉ねぎ…1/2個（100g）

セロリ…1/2本（50g）

にんにく…1片（6g）

野菜だし（P.100参照）…300ml

ワイン（白）…100ml

トマト缶（カット）…1缶（400ml）

ローリエ…1枚

塩…小さじ1/3

レッドカレーペースト（市販）
　　…大さじ1と1/2

オリーブオイル…小さじ2

作り方

1　いかは足を抜いて軟骨を取り除く。目、ワタ、くちばしを取り除いて足先を切り落とし、吸盤を包丁でこそぎ落として食べやすい大きさに切る。胴はきれいに洗って、1cm幅の輪切りにする。

2　あさりの砂抜きをする。バットにあさりを並べて、あさりがかぶるくらいまで塩水（水500mlに対し、塩15gの割合）を注ぎ入れる。新聞紙などをかぶせて3時間ほどおき、水（分量外）で殻同士をこすりながらしっかり洗う。

3　たらは塩少々（分量外）をふりかけて10分ほどおき、ペーパータオルなどでしっかりと水けを拭き、3cm幅に切る。玉ねぎ、セロリ、にんにくはそれぞれみじん切りにする。

4　鍋にオリーブオイルをひき、3のにんにくを弱火で炒める。にんにくの香りがたってきたら、玉ねぎとセロリを入れ、玉ねぎがしんなりとするまでしっかりと炒める。2のあさり、ワインを入れて強火にかけ、あさりの口が開いたらトマト缶、ローリエ、塩を入れ、フタをして弱火で5分ほど煮込む。

5　4に野菜だし、1のいか、3のたらを入れる。一煮立ちしたら弱火で10分ほど煮込み、アクが出てきたらそのつどすくう。10分経ったら、レッドカレーペーストを溶く。

しじみとパクチーのスープ

1人当たり
57
kcal

材料（2〜3人分）

しじみ…200g

パクチー…1株

小ねぎ…2本

ナンプラー…小さじ1

A｜和風だし（P.101参照）…500ml
　｜鶏がらスープの素
　｜　（顆粒）…小さじ2
　｜こぶみかんの葉（乾燥）…8枚

作り方

1　しじみの砂抜きをする。バットにしじみを並べて、しじみがかぶるくらいまで塩水（水500mlに対し、塩15gの割合）を注ぎ入れる。新聞紙などをかぶせて3時間ほどおき、水（分量外）で殻同士をこすりながらしっかり洗う。

2　パクチーは2cm幅に切る。ねぎは小口切りにする。

3　鍋に1のしじみ、Aを入れて中火にかけ、沸騰寸前で弱火にする。しじみの口が開いたら、ナンプラーを加えて味をととのえる。器にスープを盛り、2のパクチー、ねぎを添える。

127

桜えびとモロヘイヤの
エスニックスープ

1人当たり
116 kcal

材料（2〜3人分）

桜えび…大さじ2（3g）

鶏ひき肉…100g

モロヘイヤ（葉）…1束分（20g）

にんにく…1片（6g）

しょうが…2片（12g）

鶏だし（P.099参照）…500ml

ナンプラー…小さじ2

紹興酒（酒でも可）…大さじ1

ごま油…小さじ2

作り方

1 モロヘイヤは葉の部分をちぎり、たっぷりのお湯（分量外）で30秒ほどゆでてしっかりと水けをきり、みじん切りにする。にんにくとしょうがはそれぞれみじん切りにする。

2 鍋にごま油をひき、1のにんにくとしょうがを弱火で炒める。にんにくの香りがたってきたら鶏肉を入れて、ヘラなどでそぼろ状になるように炒め、ナンプラーを加えて味つけする。

3 2に1のモロヘイヤ、鶏だし、紹興酒を入れて5分ほど煮込み、アクが出てきたらそのつどすくう。桜えびを散らす。

 料理メモ　モロヘイヤのぬめり成分であるムチンは、胃腸や目などの粘膜を保護し、肝機能を高める働きがあります。

トムヤムみそスープ

1人当たり 95 kcal

材料（2～3人分）

- えび（有頭）…4尾
- ヤングコーン…2本
- オクラ…4本
- 鶏だし（P.099参照）…500ml
- トムヤムクンペースト（市販）…大さじ1
- みそ…小さじ1

作り方

1. えびは塩水（分量外）で洗い、竹串で背ワタを取る。ヤングコーンは斜め切りにする。オクラは塩少々（分量外）をふりかけてまな板にこすりつけ、産毛が取れたら水洗いをして斜め切りにする。
2. 鍋に鶏だしを入れて中火で温め、沸騰寸前で弱火にする。1のえび、ヤングコーンを入れて7～8分ほど煮込む。アクが出てきたら、そのつどすくう。
3. 2に1のオクラを入れ、トムヤムクンペースト、みそを加えて溶く。

料理メモ 有頭えびの頭には旨みやコクがあるので、一緒にじっくり煮込むとだしが出てスープがおいしくなります。

ココナッツ ミルク
ココナッツを絞り出した、濃厚でコクのあるミルク。煮込み料理に使うとクリーミーでおいしく、デザートなどによく使われます。

ナンプラー
タイで使われる魚醤。スープの味つけや炒め物に重宝します。メーカーによって塩分や風味が違うため味をみながら使ってください。

スイートチリソース
タイやベトナムで使われる、甘みと酸味と辛さが特徴のチリソース。ディップソースとしてはもちろん、コク出しにあると便利。

グリーンカレーペースト
青とうがらしの辛さに、レモングラス、こぶみかんの葉などを合わせた爽快感と辛さが特徴です。ココナッツミルクと相性抜群。

レッドカレーペースト
グリーンカレーペーストより辛さが抑えめで、深い味わい。ミルク系はもちろん、野菜だしに合わせて煮込み料理の味つけに。

トムヤムクンペースト
酸味と辛味とハーブの風味が特徴のペーストです。スープに入れるだけで、本格的なエスニックの味わいに仕上がります。

column 3

家庭で楽しむ エスニックの調味料

エスニック料理を作る際に欠かせない調味料をご紹介します。家でも気軽にエスニックの世界へ。

こぶみかんの葉（乾燥）

柑橘系のライムのような香りが特徴。スープに入れると香りが全体に染み込み、入れるだけであっさりとした爽快な風味になります。

クミンシード

インド料理で使われるスパイス。力強い香りで、スープに入れると存在感があります。肉の臭い消しとしても使われます。

レモングラス

レモンのような香りのハーブ。根元のふっくらした部分をみじん切りにしてスープに入れたり、たたいて煮込み料理に入れたりします。

八角

スターアニスと呼ばれ、肉料理と相性のよい独特な風味のスパイス。五香粉の原料でもあり、台湾や中華系の料理によく使われます。

ガラムマサラ

シナモンやクミン、カルダモンをベースにブレンドしたスパイス。風味づけとして、煮込み中や最後にかけると香りが引き立ちます。

章
中華、韓国スープ

コクのある辛さが口いっぱいに広がる、
食べごたえのあるスープです。
たくさん使われている香味野菜は、
冷えた身体をポカポカにしてくれます。
鍋ごとドーンと食卓に並べ、ラーメンやごはんと一緒に。

ユッケジャンスープ

1人当たり 330 kcal

材料（2〜3人分）

牛カルビ肉… 120g

キムチ… 100g

大根… 100g

干ししいたけ… 2枚

豆もやし… 1/2パック(100g)

にんにく… 2片(12g)

鶏だし(P.099参照)… 400ml

A
- コチュジャン… 大さじ1と1/2
- みそ… 大さじ1
- ねりごま(白)… 小さじ2
- しょうゆ… 小さじ2

溶き卵… 1個分

いりごま(白)… 適量

ごま油… 小さじ2

作り方

1. 牛肉は5mm厚さに切る。キムチは2cm幅に切る。大根は小さめの乱切りにする。干ししいたけは水200ml（分量外）に一晩つけて、薄切りにする。戻し汁は捨てずにとっておく。にんにくはみじん切りにする。

2. 鍋にごま油をひき、1のにんにくを弱火で炒める。にんにくの香りがたってきたら、牛肉、キムチ、大根を入れて、牛肉の両面に焼き色がつくまで中火で炒める。

3. 2に鶏だし、1の干ししいたけの戻し汁を入れて沸騰寸前で弱火にする。Aを加えて溶きほぐし、干ししいたけを入れて7〜8分ほど煮込む。

4. 7〜8分経ったら豆もやしを入れて、スープの表面が沸騰手前のフツフツした状態になったら溶き卵を流し入れ、いりごまをふりかける。

アレンジ

ユッケジャンクッパ

材料（1人分）

ユッケジャンスープ… 200ml

温かいごはん… 50g

赤とうがらし(粉末)… 適量

作り方

1. 鍋にスープとごはんを入れて、ごはんにスープがなじむまで弱火で温める。

2. 器に1を盛り、赤とうがらしをふりかける。

料理メモ　干ししいたけの戻し汁には旨みが含まれているので、捨てずにスープのだしとして一緒に煮込めば、家庭でも本格的な味わいになります。仕上げのいりごまはたっぷりふりかけるのがポイントです。

牛そぼろとわかめのスープ

1人当たり 146 kcal

材料（2～3人分）

牛ひき肉…100g
わかめ（塩蔵）…20g
赤とうがらし…1本
長ねぎ（青い部分）…20g
A ┃ 和風だし（P.101参照）…500ml
　┃ 酒…大さじ1
　┃ しょうゆ…小さじ2
　┃ しょうが…1片(6g)
　┃ にんにく…1片(6g)
いりごま（白）…小さじ2
塩、粗挽き黒こしょう…各少々
ごま油…小さじ2

作り方

1. 赤とうがらしは種を取り除き、輪切りにする。長ねぎは1mm幅の輪切りにする。Aのしょうが、にんにくはそれぞれすりおろす。
2. わかめはよく洗って塩を落とし、2cm幅に切る。
3. 鍋にごま油をひき、牛肉、2のわかめを入れて、牛肉がそぼろ状になるようにヘラなどで中火で炒める。
4. 3に1の赤とうがらし、Aを入れて5分ほど煮込み、アクが出てきたらそのつどすくう。
5. 4に1のねぎ、いりごまを入れて塩と粗挽き黒こしょうで味をととのえる。

 料理メモ　韓国料理は牛肉でだしをとることが多いので、このスープでは牛そぼろで手軽に旨みを引き出しました。

スンドゥブ

1人当たり 349 kcal

材料（2～3人分）

あさり… 100g
豚バラ肉… 80g
キムチ… 100g
おぼろ豆腐（または絹）… 100g
れんこん… 100g
にんにく… 1片（6g）
鶏だし（P.099参照）… 600ml
酒… 大さじ2
A ┃ コチュジャン… 大さじ1
　┃ しょうゆ… 小さじ2
　┃ きび砂糖… 小さじ1
卵黄… 2～3個分
ごま油… 大さじ1

作り方

1. あさりの砂抜きをする。バットにあさりを並べて、あさりがかぶるくらいまで塩水（水500mlに対し、塩15gの割合）を注ぎ入れる。新聞紙などをかぶせて3時間ほどおき、水（分量外）で殻同士をこすりながらしっかり洗う。

2. 豚肉は4cm幅に切る。れんこんは小さめの乱切りにする。にんにくはみじん切りにする。鍋にごま油大さじ1/2をひき、にんにくを弱火で炒める。にんにくの香りがたってきたら、1のあさりを入れて中火でさっと炒め、酒をふりかけてフタをし蒸し焼きにする。

3. あさりの口が開いたら、残りのごま油を加えて、2の豚肉、れんこん、キムチを2分ほど焼く。鶏だしを入れて沸騰寸前で弱火にし、3分ほど煮込んでAを溶き入れる。アクが出てきたら、そのつどすくう。

4. 豆腐をスプーンなどですくい、鍋に入れて温める。器にスープを盛り、卵黄を添える。

> 料理メモ　豚肉にはビタミンB1が含まれており、身体が疲れているときに食べると疲労回復効果が期待できます。

鶏そぼろと根菜の韓国のりスープ

1人当たり 138 kcal

材料（2〜3人分）

鶏ひき肉… 100g

A
- 大根… 50g
- 玉ねぎ… 1/4個(50g)
- ごぼう… 1/3本(50g)
- しょうが… 1片(6g)

鶏だし(P.099参照)… 500ml
酒… 大さじ2
韓国のり… 6枚
塩… 小さじ1/3
ごま油… 小さじ2

作り方

1. 大根、玉ねぎはそれぞれ5mm角に切る。ごぼうはささがきにし、水にさらして水けをきる。しょうがはみじん切りにする(A)。
2. 鍋にごま油をひき、Aを入れて野菜がしんなりするまで中火で3〜5分ほど炒める。鶏肉を入れて、そぼろ状になるようにヘラなどで炒める。
3. 2に鶏だし、酒を入れて一煮立ちさせ、フタをして5分ほど煮込む。アクが出てきたら、そのつどすくう。
4. 韓国のりを食べやすい大きさに手でちぎって3に入れ、塩で味をととのえる。

料理メモ 根菜はじっくりと火を通すことで野菜本来の甘みが出てくるので、しんなりするまで炒めましょう。

なすの黒ごま坦々スープ

1人当たり
191 kcal

材料（2〜3人分）

鶏ひき肉…100g
なす…1本
ニラ…1/2束（50g）
豆もやし…1/2パック（100g）
にんにく…1片（6g）
しょうが…1片（6g）
鶏だし（P.099参照）…400ml

A
- しょうゆ…小さじ2
- オイスターソース…小さじ1
- すりごま（黒）…大さじ2
- ねりごま（黒）…小さじ2
- 豆板醤…小さじ2

ごま油…小さじ2

作り方

1. なすは乱切りにして水に5分ほどさらし、水けをきる。ニラは2cm幅に切る。にんにくとしょうがはそれぞれみじん切りにする。

2. 鍋にごま油をひき、**1**のにんにくとしょうがを弱火で炒める。にんにくの香りがたってきたら、なす、鶏肉を入れて中火で炒める。鶏肉はそぼろ状になるようにヘラなどで炒め、火が通ったら鶏だしを入れて5分ほど煮込む。アクが出てきたら、そのつどすくう。

3. **2**に**1**のニラ、豆もやしを入れて、野菜がしんなりとしたらAを溶きほぐし、味をととのえる。

 料理メモ　豆もやしは歯ごたえがおいしく食べごたえもアップします。ねりごまは加熱しすぎると分離するので注意。

豚肉の具だくさん納豆スープ

1人当たり 277 kcal

材料（2〜3人分）

豚バラ肉… 100g
エリンギ… 1本(50g)
もやし… 1/2パック(100g)
小ねぎ… 適量
にんにく… 1片(6g)
しょうが… 1片(6g)
納豆… 2パック(100g)
鶏だし(P.099参照)… 600ml
みそ… 大さじ1と1/2
コチュジャン、しょうゆ… 各小さじ2
ごま油… 小さじ2

作り方

1 豚肉は4cm幅に切る。エリンギは薄切りにする。ねぎは小口切りにする。にんにくとしょうがはそれぞれみじん切りにする。納豆は包丁でたたいてひきわりにする。

2 鍋にごま油をひき、1のにんにくとしょうがを弱火で炒める。にんにくの香りがたってきたら鶏だしを入れて、沸騰寸前で弱火にする。エリンギを入れて、さらに豚肉を1枚ずつ入れ、豚肉に火が通るまで温める。アクが出てきたら、そのつどすくう。

3 2にもやし、1の納豆を入れて1分ほど煮込んだら、みそ、コチュジャンを溶きほぐして、しょうゆで味をととのえる。

4 器にスープを盛り、1のねぎを添える。

料理メモ 納豆は粒タイプを包丁でたたき、ひきわりにするとおいしいです。豆の食感を残すくらいがおすすめ。

しいたけとれんこんの肉詰めスープ

1人当たり 161 kcal

材料（2〜3人分）

豚ひき肉…100g
れんこん…30g
しいたけ…8個
しょうが…2片（12g）

A
- 溶き卵…1/2個
- 酒…大さじ1
- しょうゆ…小さじ2
- 豆板醤…小さじ1/2
- 塩…小さじ1/4
- 片栗粉…小さじ2

鶏だし（P.099参照）…400ml
片栗粉…適量
ごま油…小さじ2

作り方

1. しいたけの肉詰めを作る。れんこんをみじん切りにし、豚肉、Aとともにボウルに入れて粘りけが出るまで混ぜ、タネを用意する。しいたけは軸を取り、表面に切れ目（深めの十字）を入れ、裏面に片栗粉を薄くまぶしてタネを詰める。
2. しょうがは千切りにする。
3. フライパンにごま油をひき、1を並べ、肉面に焼き色がつくまで焼いていったん取り出す。
4. 鍋に鶏だし、2のしょうが、3の肉詰めを入れて、弱火で5分ほど温める。

 料理メモ　しいたけの肉面を焼いて焼き目をつけると、肉の香ばしさが足されてスープの食べごたえが増します。

手羽先のサンゲタンスープ

1人当たり 331 kcal

材料（2〜3人分）

鶏手羽先…8本

A
- しょうが…2片（12g）
- にんにく…2片（12g）
- 長ねぎ…40g
- 干し貝柱…2個
- 米…大さじ2
- 紹興酒（酒でも可）…大さじ2

塩…小さじ1/2
粗挽き黒こしょう…少々
ごま油…小さじ1

作り方

1 鶏手羽先はフォークで表面に数カ所穴をあける。鍋にたっぷりの水（分量外）と鶏手羽先を入れて、中火にかける。沸騰寸前で弱火にし、アクが出てきたら、そのつどすくう。肉の表面が白くなったらザルにあげて、水で軽く洗う。

2 Aのしょうがは薄切りにする。にんにくは包丁の背でつぶす。ねぎはみじん切りにする。干し貝柱は1ℓの水（分量外）に一晩つけて、手で細かくほぐす。

3 鍋に1の鶏手羽先、2の干し貝柱の戻し汁、Aを入れて、フタをして弱火で40分ほど煮込む。15分ほどしたらフタをあけ、塩と粗挽き黒こしょうで味をつける。アクが出てきたら、そのつどすくう。

4 器にスープを盛り、ごま油を回しかける。

※冷凍で2〜3週間保存可能。

アレンジ

サンゲタン風おじや

材料（1人分）

手羽先のサンゲタンスープ…200ml
温かいごはん…50g
粗挽き黒こしょう…適量
クコの実…2粒

作り方

1 クコの実は水（分量外）で戻し、水けをきっておく。スープから鶏手羽先を取り出し、身をほぐす。

2 1の鶏手羽先の身、スープ、ごはんを鍋に入れて、弱火で3〜5分ほど温める。器に盛り、粗挽き黒こしょうをふりかけ、1のクコの実を添える。

 このスープは、何と言っても「干し貝柱」が旨みの決め手！　鶏手羽先をしっかり下処理することで、えぐみのない鶏の旨みを引き出すことができます。鶏手羽先と干し貝柱のおいしさを堪能してください。

4種きのこの黒酢サンラータン

1人当たり 218 kcal

材料（2～3人分）

豚バラ肉…100g
きくらげ（乾燥）…3g
しいたけ…2個
なめこ…1/2パック（50g）
えのき…50g
たけのこ（水煮）…50g
鶏だし（P.099参照）…600ml
酒…大さじ1
A ┃ 黒酢…大さじ2
　 ┃ しょうゆ…小さじ2
　 ┃ 豆板醤…小さじ1
水溶き片栗粉（片栗粉1：水1）…適量
塩、粗挽き黒こしょう…各小さじ1/4
ラー油…小さじ1
ごま油…小さじ2

作り方

1. 豚肉は4cm幅に切る。きくらげは水（分量外）に20分ほどつけて戻し、水けをきって石づきを切り、半分に切る。しいたけは軸を切り、4等分にする。なめこは水洗いをし、水けをきる。えのきは石づきを切り、3cm幅に切る。たけのこは短冊切りにする。

2. 鍋に鶏だしを入れ、沸騰寸前で弱火にする。1の豚肉を1枚ずつ鍋に入れ、酒を加える。アクが出てきたら、そのつどすくう。豚肉に火が通ったら、きくらげ、しいたけ、なめこ、えのき、たけのこを入れて5分ほど煮込み、Aを入れて味つけする。

3. 2に水溶き片栗粉をゆっくりと回し入れてとろみをつけ、塩と粗挽き黒こしょうで味をととのえる。ラー油とごま油を回しかけて、風味をつける。

サンラータン卵おじや

材料（1人分）

4種きのこの黒酢サンラータン…300ml
温かいごはん…50g
溶き卵…1個分
黒酢…小さじ1

作り方

1. 鍋にスープとごはんを入れて、ごはんにスープがなじむまで弱火で温める。

2. 1に溶き卵を流し入れて器に盛り、黒酢を回しかける。

 歯ごたえのあるきのこ類は、噛めば噛むほどおいしさを感じられます。しいたけに含まれるグアニル酸という旨み成分は、加熱することで旨みがさらに増します。スープをおいしくするために最適な食材です。

麻婆肉豆腐のコク辛スープ

1人当たり 181 kcal

材料（2〜3人分）

豚ひき肉… 100g
絹豆腐… 1/2丁（150g）
長ねぎ… 20g
にんにく… 1片（6g）
しょうが… 2片（12g）
鶏だし（P.099参照）… 400ml
豆板醤… 小さじ2
紹興酒（酒でも可）… 大さじ1
A ┃ みそ… 大さじ1
　 ┃ しょうゆ… 小さじ2
　 ┃ きび砂糖… 小さじ1
水溶き片栗粉（片栗粉1：水1）… 適量
ごま油… 小さじ2
花椒… 適量

作り方

1 ねぎ、にんにく、しょうがはそれぞれみじん切りにする。

2 鍋にごま油をひき、1を弱火で炒める。にんにくの香りがたってきたら豆板醤を加え、具にからむように混ぜながら炒める。

3 2に豚肉を入れて、そぼろ状になるようにヘラなどで中火で炒め、しっかりと火を通す。鶏だし、紹興酒を入れて、アクが出てきたらそのつどすくう。

4 豆腐をスプーンなどですくって鍋に入れ、Aを入れて味つけする。水溶き片栗粉を回し入れてとろみをつけ、ミルで削った花椒をふりかけて温める。

 アレンジ

焼きおにぎりの麻婆スープがけ

材料（1人分）

麻婆肉豆腐の
　コク辛スープ… 100ml
温かいごはん… 100g
しょうゆ… 小さじ2
ごま油… 小さじ2

作り方

1 焼きおにぎりを作る。ごはんを三角形に握る。フライパンにごま油をひき、おにぎりに焦げ目がつくまで弱火で焼く。ひっくり返してハケなどで上面にしょうゆを塗る。これを2回くり返す。

2 焼きおにぎりを器にのせ、温めたスープを注ぎ入れる。

 料理メモ　豆板醤は、最初にごま油とじっくり炒めることで風味が格段にアップします。豚肉は、しっかり火を入れておくと香ばしい味わいになり、スープのおいしさにつながります。

四川風坦々春雨スープ

1人当たり 236 kcal

材料（2〜3人分）

豚ひき肉… 100g
にんじん… 1/3本(50g)
ニラ… 1/2束(50g)
春雨(乾燥)… 20g
鶏だし(P.099参照)… 500ml
A ┃ すりごま(白)… 大さじ2
　┃ ピーナッツバター… 大さじ1
　┃ みそ… 小さじ2
豆板醤… 小さじ2
しょうゆ… 小さじ2
花椒… 適量
サラダ油… 小さじ2

作り方

1 にんじんは千切りにする。ニラは3cm幅に切る。

2 鍋にサラダ油をひき、1のにんじんを中火で炒める。にんじんがしんなりとしてきたら、豚肉、豆板醤を入れて、豚肉がそぼろ状になるようにヘラなどでほぐしながら炒める。

3 2に鶏だし、春雨を入れて沸騰寸前で弱火にし、3分ほど煮込む。アクが出てきたら、そのつどすくう。

4 3にAを溶けほぐし、1のニラを入れて1分ほど温め、しょうゆを加えて味をととのえる。器にスープを盛り、ミルで削った花椒をふりかける。

 料理メモ　ピーナッツバターとみそは相性抜群。ピーナッツバターを使うと味にコクと深みがプラスされます。

台湾風薬膳そぼろスープ

1人当たり 146 kcal

材料（2〜3人分）

- 豚ひき肉…100g
- パクチー…1株
- ほうれん草…1束(50g)
- もやし…1/2パック(100g)
- 鶏だし(P.099参照)…600ml
- 八角…1個
- オイスターソース…小さじ2
- カレー粉…小さじ1
- 粗挽き黒こしょう…適量
- ごま油…小さじ2

作り方

1. パクチーは2cm幅に切る。ほうれん草は3cm幅に切る。
2. 鍋にごま油をひき、豚肉を入れる。そぼろ状になるようにヘラなどで中火で炒め、豚肉に火が通ったら鶏だし、八角を入れる。沸騰寸前で弱火にし、アクが出てきたらそのつどすくう。
3. 2に1のほうれん草、もやしを入れ、カレー粉、オイスターソースを加えて味つけする。
4. 野菜がしんなりとしたら、器にスープを盛って1のパクチーを添え、粗挽き黒こしょうをふりかける。

 料理メモ　パクチーに含まれるβカロテンは、粘膜の健康維持を助ける効果があり、風邪予防が期待できます。

鶏肉とトマトの塩麹サンラータン

1人当たり 162 kcal

材料（2～3人分）

鶏むね肉…1枚(250g)
トマト…1個
小松菜…1束(60g)
鶏だし(P.099参照)…500ml
塩麹…大さじ1と1/2
酒…大さじ1
A ┃ 酢…大さじ2
　┃ しょうゆ…小さじ1～2
　┃ 豆板醤…小さじ1/2
水溶き片栗粉(片栗粉1：水1)…適量
溶き卵…1個分
粗挽き黒こしょう…少々
パクチー…適量

作り方

1　鶏肉は皮を取り、一口大に切る。チャックつき保存袋に塩麹とともに入れてよくもみ込み、冷蔵庫で2時間以上漬け込む。トマトは縦8等分のくし切りにする。小松菜は4cm幅に切る。

2　鍋に鶏だしを入れて中火で温める。沸騰寸前で弱火にし、1の鶏肉、酒を入れて5～6分ほど煮込む。アクが出てきたら、そのつどすくう。

3　2に1のトマト、小松菜を入れて弱火で1分ほど温める。Aで味つけし、水溶き片栗粉を少しずつ回し入れてとろみをつける。

4　3に溶き卵を回し入れ、粗挽き黒こしょうで味をととのえる。器に盛り、ざく切りのパクチーを添える。

 料理メモ　塩麹に1日漬けるとさらにおいしくなります。トマトは崩れやすいので、スープを混ぜる際は慎重に。

蒸し鶏と豆苗のねぎ塩スープ

1人当たり **202** kcal

材料（2～3人分）

- 鶏もも肉…1枚(250g)
- 豆苗…1パック(70g)
- 長ねぎ…30g
- みょうが…1本
- しょうが…2片(12g)
- 水…600ml
- 紹興酒(酒でも可)…大さじ2
- A
  - 塩…小さじ1/2
  - 砂糖…小さじ1/2
- B
  - ごま油…小さじ2
  - 塩…小さじ1/4～1/2
  - 粗挽き黒こしょう…小さじ1/2

作り方

1. 鶏肉はフォークで表面に数カ所穴をあけ、Aを全体にもみ込む。豆苗はヘタを切り、3cm幅に切る。長ねぎ、みょうがはそれぞれみじん切りにし、ボウルに入れてBと混ぜ合わせる。しょうがは千切りにする。
2. 鍋に1の鶏肉、しょうが、水、紹興酒を入れて弱火にかけ、沸騰寸前で火をとめる。アクが出たらすくい、フタをした状態で粗熱がとれるまでそのまま冷ます。
3. 2の鶏肉を取り出してそぎ切りにし、再び鍋に戻し入れる。1の豆苗、Bと混ぜ合わせておいた長ねぎとみょうがを入れて味つけし、2分ほど温める。

 料理メモ 沸騰寸前で火をとめて、余熱でじっくりと火を通すことで、鶏肉がふんわりとした食感になります。

パクチーえびワンタンスープ

1人当たり 170 kcal

材料（2～3人分）

- むきえび…80g
- 鶏ひき肉…50g
- パクチー…1株
- A
  - しょうが…1片(6g)
  - 酒…小さじ2
  - 塩…小さじ1/4
  - ごま油…小さじ1
  - 片栗粉…小さじ2
- 鶏だし(P.099参照)…600ml
- グリーンピース(むき身)…50g
- ワンタンの皮…約15枚
- 粗挽き黒こしょう…少々

作り方

1. むきえびは、粘りけが出るまで包丁でたたいてミンチ状にする。パクチーはみじん切りにする。Aのしょうがはすりおろす。
2. パクチーえびワンタンを作る。ボウルに1のえびとパクチー、鶏肉、Aを入れて粘りけが出るまで混ぜ合わせ、ワンタンの皮の真ん中におく。ワンタンが三角形になるように、指でふちに水をつけて皮同士をしっかりとくっつける。
3. 鍋に鶏だしを入れて、沸騰寸前で弱火にする。2のワンタン、グリーンピースを入れて3～4分ほど温め、粗挽き黒こしょうで味をととのえる。

えびワンタンラーメン

材料（1人分）

- パクチーえびワンタンスープ…400ml
- 中華麺(生)…1玉
- ゆずこしょう…小さじ1/2

作り方

1. 中華麺は表示規定時間通りにゆでて、水けをしっかりときる。
2. 器に1と温めたスープを注ぎ入れる。お好みでゆずこしょうを溶く。

 料理メモ パクチーの風味とえびの食感がおいしいワンタンスープです。いきおいよく混ぜるとワンタンの皮が崩れてしまう可能性があるので、スープを混ぜるときはやさしくかき混ぜるようにしてください。

153

ささみときゅうりの花椒スープ

1人当たり 94 kcal

材料（2〜3人分）

鶏ささみ…2本（200g）
きゅうり…1/2本（50g）
メンマ（市販・瓶詰め）…20g
A ┃ 塩…小さじ1/4
　 ┃ 砂糖…小さじ1/4
水…400ml
酒…大さじ2
しょうゆ…小さじ2
塩…小さじ1/4
粗挽き黒こしょう…少々
花椒…適量

作り方

1. 鶏肉はフォークで表面に数カ所穴をあけ、Aをしっかりともみ込む。きゅうりは太めの千切りにする。メンマは縦半分に切る（大きい場合は、横半分に切る）。

2. 鍋に1の鶏肉、水、酒を入れて弱火で温める。沸騰し、水面がやさしくグラグラする程度の火加減で3分ほどゆで、火をとめる。フタをして粗熱をとったら、鶏肉を取り出して食べやすい大きさに手でさく。

3. 2の鶏肉のゆで汁のアクを取り除き、きゅうり、メンマを入れて弱火で温める。しょうゆ、塩、粗挽き黒こしょうで味つけし、ミルで削った花椒をふりかける。

料理メモ　きゅうりはやや太めの千切りで食感を残して食べごたえアップ。花椒はたっぷりかけるのがおすすめ。

砂肝とザーサイの中華風スープ

1人当たり 109 kcal

材料（2～3人分）

砂肝… 100g
ザーサイ（市販・瓶詰め）… 20g
にんにくの芽… 70g
鶏だし（P.099参照）… 600ml
A｜酒… 大さじ1
　｜しょうゆ… 小さじ2
　｜みりん… 小さじ2
紹興酒（酒でも可）… 大さじ1
しょうゆ… 小さじ2
塩、粗挽き黒こしょう… 各小さじ1/4
ごま油… 小さじ2

作り方

1. 砂肝はつながっている部分を切り、銀皮をそぎ落として2mm幅の斜め切りにする。ザーサイは粗めのみじん切りにする。にんにくの芽は3mm幅の斜め切りにする。
2. 鍋にごま油をひき、1の砂肝、ザーサイ、にんにくの芽を入れて中火で炒める。砂肝の表面に焼き色がついたらAを入れ、具にタレがからむように炒める。
3. 2に鶏だしを入れて沸騰寸前で弱火にし、紹興酒、しょうゆを加えて味つけする。アクが出たら、そのつど　すくう。塩、粗挽き黒こしょうで味をととのえる。

 料理メモ　砂肝は低脂肪、低カロリーな上に噛みごたえがあるので、ダイエットの強い味方です。

魚介とチンゲン菜のあんかけスープ

1人当たり 158 kcal

材料（2〜3人分）

シーフードミックス（冷凍）…100g
チンゲン菜…1株
白菜…葉1枚（70g）
しょうが…1片（6g）
厚揚げ豆腐…1/2丁（約80g）
うずら（水煮）…6個
鶏だし（P.099参照）…600ml
酒…大さじ1
A｜オイスターソース…小さじ2
　｜しょうゆ…小さじ2
　｜塩、粗挽き黒こしょう…各少々
水溶き片栗粉（片栗粉1：水1）…適量
ごま油…小さじ2

作り方

1. シーフードミックスは自然解凍する。チンゲン菜は根元を切って食べやすい大きさに切る。白菜は大きめの一口大に切る。しょうがはすりおろす。厚揚げ豆腐は1.5cm角に切る。
2. 鍋にごま油をひき、1のしょうがを入れて弱火で炒める。しょうがの香りがたってきたら、チンゲン菜、白菜、厚揚げ豆腐を入れて中火で1分ほど炒め、白菜がしんなりとしたら、鶏だしを入れる。
3. 沸騰寸前で弱火にし、1のシーフードミックス、うずら、酒を入れて3分ほど温める。アクが出てきたら、そのつどすくう。
4. 3にAを入れて味をととのえ、水溶き片栗粉をゆっくりと回し入れてとろみをつける。

 料理メモ　シーフードミックスを使って手軽に作れます。とろっとしたあんが具材にからんで絶品です。お好みの魚介をプラスしても。

かにのかき玉スープ

1人当たり 129 kcal

材料（2人分）

かに缶（水煮）… 1缶（約60g）

溶き卵… 1個分

鶏だし（P.099参照）… 400ml

塩… 少々

粗挽き黒こしょう… 少々

ごま油… 小さじ2

水溶き片栗粉（片栗粉1：水1）… 適量

作り方

1 鍋に鶏だしを入れて、中火で温める。途中でかに缶を汁ごと入れ、スープの表面がフツフツとしてきたら溶き卵を流し入れる。卵がふわっと浮いてきたら、水溶き片栗粉をゆっくりと回し入れる。

2 1に塩、粗挽き黒こしょうを加えて味つけし、ごま油で風味をつける。

料理メモ 溶き卵を流し入れたら30秒ほどおき、卵が浮いてきたらゆっくり混ぜるのがふわふわ卵を作るコツ。

台湾風豆乳スープ

1人当たり 165 kcal

材料（2〜3人分）

- 豆乳(無調整)…500ml
- おぼろ豆腐(絹豆腐でも可)…80g
- A
  - しいたけ…2個
  - ザーサイ…20g
  - 干しえび…10g
  - ちりめんじゃこ…20g
- 小ねぎ…適量
- カシューナッツ(無塩)…小さじ2
- 黒酢…大さじ1
- 塩…少々
- ラー油…小さじ1

作り方

1. Aのしいたけは軸を切って薄切りにする。ザーサイはみじん切りにする。干しえびは汚れをさっと洗い、ぬるま湯に30分ほどつけ、水けをきってみじん切りにする。カシューナッツは粗みじん切りにする。ねぎは小口切りにする。

2. 鍋に豆乳、Aを入れて、沸騰しないように気をつけながら弱火で温める。豆腐をスプーンで一口大にすくい、入れる。

3. 2に黒酢、塩を加えて味つけする。器に盛り、1のねぎ、カシューナッツを添えて、ラー油を回しかける。

料理メモ 干しえびの戻し汁には旨みが凝縮されているため、中華系の炒め物や煮込み料理に使いましょう。

たらと明太子のチゲバタースープ

1人当たり 141 kcal

材料（2〜3人分）

たら（切り身）…1切れ（約90g）
明太子…1/2腹（40g）
長ねぎ…40g
絹豆腐…1/2丁（150g）
A ｜ 酒…大さじ2
　｜ 塩…少々
　｜ 粗挽き黒こしょう…少々
鶏だし（P.099参照）…600ml
コチュジャン…小さじ2
みそ…小さじ2
バター…10g

作り方

1. たらは4等分に切り分け、Aをふりかけて10分ほどおく。明太子は皮から身をほぐす。ねぎは斜め切りにする。豆腐は1.5cm角に切り、ペーパータオルで水けをとる。
2. 鍋に鶏だしを入れて温め、沸騰寸前で弱火にする。1のたら、ねぎ、豆腐を入れて5分ほど煮込み、アクが出てきたらそのつどすくう。
3. 2にコチュジャン、みそを溶き、味をととのえる。器にスープを盛り、1の明太子、バターを添える。

料理メモ たらは崩れやすいので、煮込んでいるときは煮崩れしないようやさしく扱うようにしましょう。

さばのカムジャタンスープ

1人当たり **287** kcal

材料（2～3人分）

- さば缶（みそ味・水煮）… 1缶（180g）
- じゃがいも… 1個（100g）
- 玉ねぎ… 1/2個（100g）
- 水… 600ml
- A
  - みそ… 大さじ1と1/2
  - コチュジャン… 大さじ1
  - しょうゆ… 小さじ2
  - きび砂糖… 小さじ1
  - にんにく… 1片（6g）
  - すりごま（白）… 大さじ2
- 酒… 大さじ2
- ごま油… 小さじ2
- 赤とうがらし（粉末）… 適量

作り方

1. じゃがいもは皮をむいて一口大より少し大きめに切り、使用するまで水をはったボウルにつけておく。玉ねぎは1cm厚さのくし切りにする。Aのにんにくはすりおろす。
2. 鍋にごま油をひき、1の玉ねぎを入れて中火でしんなりとするまで炒める。水、1のじゃがいも、酒を入れて沸騰するまで火にかける。沸騰したら弱火にし、さば缶を汁ごと入れる。さばの身ををほぐし、Aを溶き、じゃがいもに火が通るまで5～7分ほど煮込む。
3. じゃがいもに竹串をさし、すっと通ったら火をとめる。器にスープを盛り、赤とうがらしをふりかける。

料理メモ 韓国産の粉末の赤とうがらしは、ほのかに甘みも感じられるのでおすすめです。一味とうがらしでも可。

桜えびととろろ昆布の
すりごまチゲスープ

1人当たり 130 kcal

材料（2〜3人分）

桜えび（乾燥）… 20g
とろろ昆布… 5g
オクラ… 4本
しょうが… 2片（12g）
鶏だし（P.099参照）… 600ml
A│みそ… 大さじ1
　│コチュジャン… 大さじ1
　│すりごま（白）… 大さじ2
ごま油… 小さじ2

作り方

1. オクラは塩少々（分量外）をふりかけてまな板にこすりつけ、産毛が取れたら水洗いをして斜め切りにする。しょうがは千切りにする。
2. 鍋にごま油をひき、1のしょうがを入れて弱火で炒める。しょうがの香りがたってきたら、鶏だしを入れて沸騰寸前で弱火にし、Aを溶きほぐす。
3. 2に1のオクラ、桜えびを入れて1分ほど中火で温める。器にスープを盛り、とろろ昆布をのせる。

 料理メモ　桜えびにはカルシウムが豊富に含まれているため、骨や歯を丈夫にし、イライラ防止にも効果的です。

春菊ときのこのトマトチゲスープ

1人当たり 137 kcal

材料（2～3人分）

- 春菊… 1束(50g)
- トマト… 1個(100g)
- しいたけ… 4個
- しめじ… 1/2パック(50g)
- 木綿豆腐… 1/2丁(150g)
- 和風だし(P.101参照)… 400ml
- トマト缶(カット)… 1/2缶(200g)
- コチュジャン… 大さじ1
- みそ、しょうゆ… 各小さじ2
- すりごま(白)… 適量
- ごま油… 小さじ2

作り方

1. 春菊は3cm幅に切る。トマトは1cm角に切る。しいたけは石づきを切り、2mm幅の薄切りにする。しめじは石づきを切り、小房に分ける。豆腐は水けをきって1.5cm角に切る。

2. 鍋にごま油をひき、1のトマトを入れて中火で1分ほど炒める。和風だし、トマト缶を入れて温める。沸騰寸前で弱火にし、しいたけ、しめじ、豆腐を入れて5分ほど煮込む。コチュジャン、みそを溶きほぐし、しょうゆで味つけする。

3. 2に1の春菊を入れて1分ほどさっと温める。器にスープを盛り、すりごまをふりかける。

 料理メモ 春菊は煮込みすぎず、食べる直前にさっと火を通したほうが、色合いと食感が残っておいしいです。

チョリソーと白菜の
プデチゲ風スープ

1人当たり
184 kcal

材料（2〜3人分）

チョリソー … 4本
長ねぎ … 40g
白菜 … 葉1枚（70g）
ニラ … 1/2束（50g）
鶏だし（P.099参照）… 500ml
コチュジャン … 大さじ1
豆板醤 … 小さじ1/2
A｜みそ … 小さじ2
　｜にんにく … 1片（6g）
　｜しょうが … 1片（6g）
スライスチーズ（とろけるタイプ）… 1枚
ごま油 … 小さじ2

作り方

1 チョリソー、ねぎはそれぞれ斜め切りにする。白菜は4cm幅に切る。ニラは3cm幅に切る。Aのにんにく、しょうがはそれぞれすりおろす。

2 鍋にごま油をひき、1のチョリソー、白菜を入れて弱火で炒める。白菜がしんなりとしてきたら、コチュジャン、豆板醤を加えて全体を和えながら30秒ほど炒め、鶏だしを入れて中火で温める。沸騰寸前で弱火にし、ねぎ、ニラを入れてAを溶きほぐし、味つけする。

3 2にスライスチーズをのせる。

アレンジ

プデチゲ風ラーメン

材料（1〜2人分）

チョリソーと白菜の
　プデチゲ風スープ … 全量
インスタントラーメン … 1袋
スライスチーズ（とろけるタイプ）… 1〜2枚

作り方

1 スープの作り方2の最後にインスタントラーメンを入れて3分ほど中火で温め、スライスチーズをのせる。

料理メモ　辛い味つけがお好きな方は、味をみながら豆板醤を追加するのもおすすめです。スライスチーズを具材とからめながら食べると、スープ全体がマイルドな味わいになっておいしいです。

5章
ポタージュと
フルーツスープ

野菜の甘みやフルーツのみずみずしさなど、
素材の味が楽しめるスープです。
冷やしたり温めたりするだけで、
味に変化が出るのもうれしいところ。
冷凍保存が可能なスープも多く、
つくりおきができるのも魅力です。

3種きのこの和風チャウダー

1人当たり 184 kcal

材料（2〜3人分）
マッシュルーム(白)…6個
しいたけ…6個
しめじ…1パック(100g)
玉ねぎ…1/4個(50g)
鶏だし(P.099参照)…200ml
牛乳…400ml
ねりごま(白)…大さじ1
みそ…小さじ2
バター…20g
バターチーズパン粉(P.055参照)
　…適量

作り方
1　マッシュルーム、しいたけは石づきを切り、薄切りにする。しめじは石づきを切り、手で小房に分ける。玉ねぎはみじん切りにする。

2　鍋にバターをひき、1を中火で炒めて鶏だしを加える。フタをして10分ほど弱火で煮込む。

3　2の粗熱がとれたらミキサーまたはハンドブレンダーに移し、牛乳を加え、なめらかになるまで攪拌して再び鍋に入れる。弱火で温めながら、ねりごまとみそで味つけする。

4　3を器に注ぎ入れて、バターチーズパン粉をトッピングする。

※冷凍で3〜4週間保存可能。

3種きのこの和風パスタ

材料（1人分）
3種きのこの和風チャウダー…200ml
ファルファッレ(乾麺)…30g
マッシュルーム(白)…1/2個

作り方
1　ファルファッレは表示規定時間通りにゆで、ざるにあげて水けをきる。マッシュルームは薄切りにする。

2　鍋に1とスープを入れて、弱火で温めながらファルファッレにスープをからめる。器に盛り、マッシュルームを添える。

 きのこにはグアニル酸という旨み成分が豊富に含まれているので、スープ全体にコクと旨みを出す食材として活躍します。みそとねりごまを合わせることによって、味により深みが出てきます。

パクチーの根っこポタージュ

1人当たり **293 kcal**

材料（2〜3人分）

- パクチー（根）… 10株分
- じゃがいも… 2個(200g)
- 牛乳… 300ml
- 和風だし (P.101参照)… 200ml
- 塩… 少々
- みそ… 小さじ2
- 生クリーム… 100ml
- 粗挽き黒こしょう… 少々
- パクチー（葉・飾り用）… 適量
- オリーブオイル… 小さじ2

作り方

1. パクチーの根はみじん切りにする。じゃがいもは皮をむいて1cm角に切り、使用するまで水をはったボウルにつけておく。
2. 鍋にオリーブオイルをひき、1を入れて、じゃがいもの表面に薄く焼き色がつくまで焼く。和風だしを入れて塩を加え、フタをする。じゃがいもがやわらかくなるまで、10分ほど弱火で煮込む。
3. 2に牛乳を入れ、温まったらみそを溶き入れて粗熱をとり、生クリームを加えてミキサーまたはハンドブレンダーでなめらかになるまで攪拌する。
4. 粗挽き黒こしょうで味をととのえ、器にポタージュを注ぎ入れてパクチーの葉を添える。

※冷凍で3〜4週間保存可能。

 料理メモ パクチーの根っこには香り成分が多く含まれており、ポタージュにしても香り高く深い味わいです。

枝豆と里芋の冷製ポタージュ

1人当たり 210 kcal

材料（2〜3人分）

枝豆(むき身)…100g
里芋…2個(80g)
玉ねぎ…1/4個(50g)
鶏だし(P.099参照)…200ml
牛乳…300ml
塩…小さじ1/4
生クリーム…小さじ2
バター…20g

作り方

1 枝豆はたっぷりのお湯で3〜4分ほどゆで、ザルにあげてさやから出し、薄皮をはがす。里芋は皮をむき、塩少々(分量外)をふりかけて粘りけをとり、水でぬめりをとりながら洗って水けをきる。玉ねぎはみじん切りにする。

2 鍋にバターをひき、1の玉ねぎを中火で炒める。玉ねぎがしんなりとしてきたら1の里芋、鶏だしを入れてフタをし、里芋がヘラでつぶせるほどやわらかくなるまで煮込み、火をとめる。

3 2の粗熱がとれたら、1の枝豆、牛乳を一緒に入れて、ミキサーまたはハンドブレンダーでなめらかになるまで攪拌する。

4 攪拌したら塩を加えて味をととのえ、ボウルに移し、ラップをして冷蔵庫で2時間ほど冷やす。

5 器にポタージュを注ぎ入れ、生クリームをかける。

※冷凍で3〜4週間保存可能。

 枝豆は市販の冷凍で代用しても可能です。薄皮を取ると、口あたりがよいポタージュになります。

カリフラワーとゴルゴンゾーラのポタージュ

1人当たり
205 kcal

材料（2〜3人分）

- カリフラワー… 1/2個（200g）
- 玉ねぎ… 1/4個（50g）
- セロリ… 1/2本（50g）
- 鶏だし（P.099参照）… 200ml
- 塩… 少々
- ゴルゴンゾーラ… 50g
- 豆乳（無調整）… 400ml
- 塩麹… 大さじ1
- 粗挽き黒こしょう… 適量
- バター… 20g

作り方

1. カリフラワーは小房に分け、一口大に切る。玉ねぎは薄切りにする。セロリは筋を取り、斜め切りにする。
2. 鍋にバターをひき、1の玉ねぎとセロリを中火でしんなりするまで炒める。1のカリフラワー、鶏だし、塩を入れてフタをし、10分ほど弱火で煮込む。
3. 10分煮たらゴルゴンゾーラを入れて溶かし、火をとめて粗熱をとる。豆乳を加えてミキサーまたはハンドブレンダーでなめらかになるまで攪拌する。再び鍋に入れて、弱火で温めながら塩麹と粗挽き黒こしょうで味をととのえる。

アレンジ
カリフラワーとゴルゴンゾーラのリゾット

材料（1人分）

- カリフラワーとゴルゴンゾーラのポタージュ… 300ml
- 温かいごはん… 50g
- しょうゆ… 小さじ1
- パルメザンチーズ（粉末）… 小さじ2
- 粗挽き黒こしょう… 少々

作り方

1. 鍋にポタージュを入れて弱火にかける。表面がふつふつとしてきたらごはんを入れて2分ほど温める。
2. しょうゆを加えて味つけし、器に盛ってパルメザンチーズをかけ、粗挽き黒こしょうをふりかける。

 料理メモ ゴルゴンゾーラはメーカーにより塩味が異なるため、濃い場合は豆乳で、薄い場合は塩を足して味の調整を。カリフラワーに含まれるビタミンCは熱に強いため、スープなどの加熱調理に適しています。

えびトマトクリームポタージュ

1人当たり
338 kcal

材料（2〜3人分）

- えび(有頭)…大6尾
- 玉ねぎ…1/2個(100g)
- セロリ…1/2本(50g)
- にんにく…1片(6g)
- ワイン(白)…大さじ2
- トマト缶(カット)…1/2缶(200g)
- 水…200ml
- 生クリーム…100ml
- バター…10g
- 塩…小さじ1/4
- オリーブオイル…大さじ1

作り方

1. えびは頭と殻を取り除き、身を1cm幅に切る。頭と殻は捨てずにとっておく。玉ねぎ、セロリ、にんにくはそれぞれみじん切りにする。
2. 鍋にオリーブオイルをひき、1のにんにくを弱火で炒める。にんにくの香りがたってきたら、玉ねぎとセロリを入れて中火で炒める。野菜がしんなりとしてきたら1のえびの頭、殻、身を入れて、表面に薄い焼き色がつくまで炒める。
3. 2にワインを加えて強火にし、アルコールを飛ばしたらトマト缶、水を入れてフタをし、10分ほど煮込んで火をとめる。
4. 3をミキサーまたはハンドブレンダーで攪拌し、布巾をひいたザルに移してヘラなどで押しつけながら漉す。再び鍋に戻し、生クリームを加えて弱火で温め、バターと塩で味をととのえる。

※冷凍で3〜4週間保存可能。

アレンジ

えびトマトクリームパスタ

材料（1人分）

- えびトマトクリームポタージュ…100ml
- ペンネ(乾麺)…50g
- にんにく…1片(6g)
- パルメザンチーズ(粉末)…小さじ1
- パセリ(乾燥)…適量
- オリーブオイル…小さじ2

作り方

1. ペンネは表示規定時間通りにゆで、ザルにあげて水けをきる。ゆで汁は大さじ3杯分ほどとっておく。にんにくはみじん切りにする。
2. フライパンにオリーブオイルをひき、1のにんにくを弱火で炒める。にんにくの香りがたってきたら、1のペンネとゆで汁を入れて、ややとろみが出るまで中火で炒める。
3. 2にポタージュを入れてペンネをからめ、皿に盛りパルメザンチーズとパセリをふりかける。

料理メモ　えびの頭と殻からもしっかりとおいしいだしが出るので、捨てずにスープと一緒に煮込みましょう。冷凍保存をして、ソースとしても活用できます。冷凍の場合は3〜4週間保存可能です。

ほうれん草のポテトポタージュ

1人当たり
226 kcal

材料（2〜3人分）

ほうれん草…3束（150g）

じゃがいも…2個（200g）

鶏だし（P.099参照）…200ml

豆乳（無調整）…400ml

塩…小さじ1/3

粗挽き黒こしょう…少々

バター…30g

カリカリベーコン（P.054参照）…適量

作り方

1. ほうれん草は3cm幅に切る。じゃがいもは皮をむき、1cm角に切って使用するまで水をはったボウルにつけておく。
2. 鍋にバターをひき、1のほうれん草とじゃがいもを入れて中火で炒める。じゃがいもの表面に焼き色がついたら、塩と粗挽き黒こしょうをふる。
3. 2に鶏だしを入れ、フタをして10分ほど弱火で煮込み、火をとめて粗熱をとる。粗熱がとれたら豆乳を入れ、ミキサーまたはハンドブレンダーに移してなめらかになるまで撹拌して再び鍋に戻し、弱火で温める。
4. 器に注ぎ入れ、カリカリベーコンをトッピングする。

※冷凍で3〜4週間保存可能。

 料理メモ ほうれん草はえぐみが強いこともあるので、下処理の際に油で炒めると抑えることができます。

さつまいもとコーンのポタージュ

1人当たり **280** kcal

材料（2〜3人分）

- さつまいも … 1本（200g）
- とうもろこし … 1本（150g）
- 野菜だし（P.100参照）… 200ml
- 塩 … 少々
- 牛乳 … 400ml
- 白こしょう … 少々
- パセリ（乾燥）… 適量
- バター … 20g

作り方

1. さつまいもは皮をむき、2cm角に切って使用するまで水をはったボウルにつけておく。とうもろこしは芯から実をそぎ落とす。芯は捨てずにとっておく。
2. 鍋にバターをひき、1のさつまいもを入れて中火で1分ほどさっと炒める。1のとうもろこしの実と芯、野菜だしを入れて塩をふりかける。フタをして弱火で15分ほど煮込み、火をとめて粗熱をとる。
3. 粗熱がとれたら芯を取り出して牛乳を入れ、ミキサーまたはハンドブレンダーに移してなめらかになるまで撹拌し、布巾をひいたザルに入れて濾し、再び鍋に戻す。
4. 弱火で温めながら白こしょうで味をととのえ、器に注ぎ入れてパセリをふりかける。

※冷凍で3〜4週間保存可能。

料理メモ とうもろこしの芯と一緒にじっくり煮込むことで、旨味と甘みがプラスされて味わい深いスープになります。

177

栗とひよこ豆のポタージュ

1人当たり
318
kcal

材料（2〜3人分）

むき甘栗…100g　　　水…100ml

ひよこ豆（水煮）…50g　　塩…小さじ1/4

玉ねぎ…1/4個(50g)　　白こしょう…少々

牛乳…300ml　　　　バター…10g

生クリーム…100ml

作り方

1　むき甘栗は薄切りにする。玉ねぎはみじん切りにする。

2　鍋にバターをひき、1の玉ねぎを入れて中火で炒める。玉ねぎ
　　がしんなりとしてきたら、むき甘栗、ひよこ豆、水を入れて弱火
　　で8分ほど煮込み、火をとめて粗熱をとる。

3　粗熱がとれたら牛乳と生クリームを入れ、ミキサーまたはハンド
　　ブレンダーに移してなめらかになるまで撹拌し、再び鍋に戻す。

4　弱火で温めながら塩と白こしょうで味をととのえ、器に注ぎ入れる。

※冷凍で3〜4週間保存可能。

料理
メモ　市販のむき甘栗を使って一年中作れるポタージュに仕上げました。
　　　ひよこ豆には便秘解消効果があります。

178

かぼちゃとクリームチーズの
ポタージュ

1人当たり
245 kcal

材料（2〜3人分）

かぼちゃ…300g

玉ねぎ…1/2個（100g）

クリームチーズ…20g

野菜だし（P.100参照）…200ml

牛乳…400ml

塩…小さじ1/4

バター…10g

レモンの皮…適量

作り方

1 かぼちゃは種とワタを取り除き、皮をむいてラップでしっかりと包み、600Wの電子レンジで3分ほど温めて一口大に切る。玉ねぎはみじん切りにする。クリームチーズは常温に戻す。

2 鍋にバターをひき、1のかぼちゃと玉ねぎを入れて中火で炒める。玉ねぎがしんなりとしてきたら野菜だしを入れてフタをし、かぼちゃがヘラでつぶせるほどやわらかくなるまで煮込み、火をとめて粗熱をとる。

3 粗熱がとれたら牛乳、1のクリームチーズを入れ、ミキサーまたはハンドブレンダーに移してなめらかになるまで撹拌し、再び鍋に戻す。弱火で温めながら塩で味つけし、器に注ぎ入れてレモンの皮を添える。

※冷凍で3〜4週間保存可能。

料理メモ かぼちゃのビタミンEは血行を促進し、身体を温める働きが期待できるので冷え性の緩和に効果的です。

マスカットとキウイのスープ

1人当たり 75kcal

材料（2～3人分）

マスカット（種なし・皮部分可食可）…8粒
キウイ…1個(80g)
ライム（1/8カットのいちょう切り）…適量

A
水…400ml
はちみつ…大さじ1
ライム汁…小さじ2

作り方

1. マスカットは横半分に切り、キウイは1cm角に切る。
2. ボウルにAを入れてよく混ぜ合わせ、1のマスカットとキウイを入れる。
3. 器にスープを盛り、ライムを添える。

料理メモ キウイはビタミンCが豊富に含まれており、風邪予防に効果的です。お好みでスペアミントを入れても。

いちごとヨーグルトのスープ

1人当たり 79 kcal

材料（2〜3人分）

いちご…10粒
ヨーグルト（無糖）…大さじ3
はちみつ…小さじ2
牛乳…200ml
バルサミコ酢…小さじ2

作り方

1. いちごはヘタを取る。飾りつけ用に2〜3個分を縦1/2に切る。
2. ミキサーに1のいちご、ヨーグルト、はちみつ、牛乳を入れてなめらかになるまで撹拌する。
3. 器にスープを盛り、バルサミコ酢をふりかけて、1の飾りつけ用のいちごを添える。

桃とバジルの冷製スープ

1人当たり 159 kcal

材料（2〜3人分）

桃…2個（300g）
生クリーム…大さじ2
牛乳…150ml
クリームチーズ…40g
バジル…4枚

作り方

1. 桃は皮をむき、一口大に切る。
2. 1の桃、生クリーム、牛乳、クリームチーズをミキサーまたはハンドブレンダーに入れてなめらかになるまで撹拌する。
3. 器にスープを盛り、バジルを添える。

料理メモ いちごはビタミンCが豊富で、メラニンの生成を抑えてシミをできにくくし、美肌効果が期待できます。
桃のスープは「桃のカプレーゼ」をイメージしたスープなので、バジルと一緒にお召し上がりください。

無花果ポタージュ

1人当たり
89 kcal

材料（2〜3人分）

無花果…4個（約320g）

A ┃ 牛乳…100ml
　┃ ヨーグルト（無糖）…大さじ3

ピンクペッパー…少々

作り方

1　無花果は皮をむく。

2　1の無花果、Aをミキサーまたはハンドブレンダーに入れてなめらかになるまで撹拌する。ボウルに移し、ラップをして冷蔵庫で1時間ほど冷やす。

3　器にスープを盛り、ピンクペッパーを散らす。

料理メモ　無花果に含まれるポリフェノールの一種アントシアニンは、活性酸素を抑制し、老化防止に効果的です。

スイカとトマトのスープ

材料（2～3人分）

スイカ（種なし）…小1/4個(300g)
トマト…2個(200g)
にんにく…1/2片(3g)
バニラアイス（市販）…100g
オリーブオイル…適量

作り方

1. スイカとトマトは一口大に切る。にんにくはみじん切りにする。
2. 1のスイカ、トマト、にんにく、バニラアイスをミキサーまたはハンドブレンダーに入れてなめらかになるまで撹拌する。
3. 器にスープを盛り、オリーブオイルをかける。

1人当たり 129 kcal

料理メモ スイカにはカリウムが含まれているため、むくみ防止に効果的です。

パイナップルとパクチーのスープ

1人当たり 194 kcal

材料（2～3人分）

パイナップル…1/2房(300g)
パクチー…適量
ココナッツミルク…1/2缶(200ml)
ヨーグルト（無糖）…200g
ライム汁…大さじ1

作り方

1. パイナップルは皮を厚めにむき、一口大に切る。1/3量はトッピング用に残しておく。
2. 1のパイナップル、ココナッツミルク、ヨーグルト、ライム汁をミキサーまたはハンドブレンダーに入れてなめらかになるまで撹拌する。
3. 器にスープを注ぎ入れ、トッピング用のパイナップルをのせ、パクチーを散らす。

料理メモ パイナップルには消化を助けるブロメラインが含まれており、胃腸を健康で活発に保つのに効果的です。

素材別 index

肉類

▶牛カルビ肉

ユッケジャンスープ ······················· P.134

▶牛バラ肉

ごぼうとれんこんのきんぴら風ピリ辛スープ ········ P.094

▶牛ひき肉

牛そぼろとわかめのスープ ··················· P.136

▶牛豚合挽き肉

ミートボールのストロガノフ ··················· P.022

煮込みハンバーグのココナッツクリームスープ ······· P.034

メキシコ風チリコンカンスープ ················· P.123

▶砂肝

砂肝とザーサイの中華風スープ ················· P.155

▶鶏ささみ

ささみと水菜のおろしポン酢スープ ··············· P.065

ささみときゅうりの花椒スープ ················· P.154

▶鶏手羽先

レモングラスの手羽先スープ ··················· P.110

手羽先のサンゲタンスープ ··················· P.142

▶鶏手羽元

グリーンカレースープ ······················ P.104

手羽元とさつまいものレッドカレースープ ·········· P.114

▶鶏ひき肉

鶏ひき肉とヤングコーンのジェノバスープ ·········· P.042

鶏そぼろと冬瓜の塩スープ ··················· P.060

鶏肉とちりめんじゃこの花椒スープ ·············· P.067

パクチー団子の柑橘スープ ··················· P.108

ガパオ風半熟卵のスープ ···················· P.118

桜えびとモロヘイヤのエスニックスープ ··········· P.128

鶏そぼろと根菜の韓国のリスープ ················ P.138

なすの黒ごま担々スープ ···················· P.139

パクチーえびワンタンスープ ·················· P.152

▶鶏むね肉

鶏肉とトマトの塩麹サンラータン ················ P.150

▶鶏もも肉

鶏肉とセロリのレモンペッパースープ ············· P.024

鶏肉とカリフラワーのレモンクリームスープ ·········· P.025

鶏肉ときのこのトマトシチュー ················· P.026

照り焼きチキンのクリームスープ ················ P.033

チキンとズッキーニのバルサミコスープ ············ P.038

鶏肉と根菜のしょうゆバタースープ ·············· P.064

野菜たっぷり！ けんちん汁 ·················· P.088

トムカーガイスープ ······················· P.106

鶏肉とパクチーのライムスープ ················· P.109

ゆずこしょうのグリーンカレースープ ·············· P.112

カリカリチキンのグリーンカレーソース ············ P.112

蒸し鶏と豆苗のねぎ塩スープ ·················· P.151

▶豚こま切れ肉

野沢菜とわさびのたらこスープ ················· P.093

▶豚バラ肉

豚肉とまいたけのアンチョビバタースープ ··········· P.031

豚肉とキャベツのガーリックバタースープ ··········· P.032

豚肉ときのこの梅肉スープ ··················· P.066

春菊の豚汁スープ ························· P.091

スンドゥブ ···························· P.137

豚肉の具だくさん納豆スープ ·················· P.140

4種きのこの黒酢サンラータン ················· P.144

▶豚バラ肉かたまり

ルーロンハン風煮込みスープ ·················· P.115

▶豚ひき肉

ロールキャベツの煮込みスープ ················· P.046

豚そぼろと高菜のピリ辛スープ ················· P.062

塩麹鶏つくねのわかめスープ ·················· P.096

ゴーヤの肉詰めスープ ······················ P.116

豚肉とクレソンの山芋スープ ·················· P.117

しいたけとれんこんの肉詰めスープ ·············· P.141

麻婆肉豆腐のコク辛スープ ··················· P.146

四川風坦々春雨スープ ······················ P.148

台湾風薬膳そぼろスープ ···················· P.149

▶豚ロース肉（しゃぶしゃぶ用）

豚しゃぶのみぞれスープ かぼす風味 ·············· P.097

▶豚ロース肉かたまり

塩豚といんげん豆のハーブスープ ················ P.030

魚介類

▶あさり

アクアパッツァ風魚介スープ ·················· P.012

ペペロンチーノ風あさりスープ ················· P.014

クラムチャウダー ························· P.015

あさりとあおさの豆乳スープ ·················· P.072

ディルとあさりのナンプラースープ ·············· P.124

いかのブイヤベース風レッドカレースープ ··········· P.126

スンドゥブ ···························· P.137

▶いか

いかのブイヤベース風レッドカレースープ ··········· P.126

▶いくら（しょうゆ漬け）

さけといくらの粕汁 ······················· P.070

▶えび（有頭、むきえび）

トムヤムみそスープ ······················· P.129

パクチーえびワンタンスープ ·················· P.152

えびトマトクリームポタージュ ················· P.174

▶牡蠣（むき身）

牡蠣チャウダー ·························· P.016

▶さけ（切り身・甘塩）
さけといくらの粕汁 ・・・・・・・・・・・・・・・ *P.070*
▶桜えび
桜えびとモロヘイヤのエスニックスープ ・・・・・・ *P.128*
桜えびととろろ昆布のすりごまチゲスープ ・・・・・・ *P.162*
▶しじみ
しじみとパクチーのスープ ・・・・・・・・・・・・ *P.126*
▶しらす
小松菜としらすのゆず豆乳スープ・・・・・・・・・・ *P.092*
▶たい
アクアパッツァ風魚介スープ ・・・・・・・・・・・・ *P.012*
▶たこ（ボイル）
たことじゃがいものガリシア風トマト煮込みスープ ・・・ *P.021*
▶たら
いかのブイヤベース風レッドカレースープ ・・・・・・ *P.126*
たらと明太子のチゲバタースープ・・・・・・・・・・ *P.160*
▶たらこ
野沢菜とわさびのたらこスープ ・・・・・・・・・・ *P.093*
▶明太子
明太クリームスープ ・・・・・・・・・・・・・・・ *P.018*
明太スープピリ辛おにぎり ・・・・・・・・・・・・ *P.062*
たらと明太子のチゲバタースープ・・・・・・・・・・ *P.160*

加工肉

▶ソーセージウインナー
ソーセージと温野菜の粒マスタードスープ ・・・・・・ *P.047*
ポトフ風具だくさんスープ ・・・・・・・・・・・・ *P.048*
クミン香る、ポテトカレースープ ・・・・・・・・・・ *P.122*
▶チョリソー
チョリソーと白菜のブデチゲ風スープ ・・・・・・・・ *P.164*
▶ベーコン
クラムチャウダー ・・・・・・・・・・・・・・・・ *P.015*
照り焼きチキンのクリームスープ ・・・・・・・・・・ *P.033*
なすとベーコンのラタトゥイユスープ ・・・・・・・・ *P.036*
ロールキャベツの煮込みスープ ・・・・・・・・・・ *P.046*
ポトフ風具だくさんスープ ・・・・・・・・・・・・ *P.048*
ほうれん草とチーズのカルボナーラ仕立てスープ ・・・ *P.050*
ツナと水菜の和風トマトスープ ・・・・・・・・・・ *P.073*
かぶとベーコンの白みそスープ ・・・・・・・・・・ *P.076*
根菜とかつお節のミネストローネスープ ・・・・・・・ *P.082*
とうもろこしとキャベツのみそバタースープ ・・・・・ *P.086*
ほうれん草のポテトポタージュ ・・・・・・・・・・ *P.176*

野菜

▶いんげん
緑野菜と雑穀のスープ ・・・・・・・・・・・・・・ *P.039*
鶏ひき肉とヤングコーンのジェノバスープ・・・・・・ *P.042*
▶枝豆
枝豆と里芋の冷製ポタージュ ・・・・・・・・・・・ *P.171*

▶オクラ
チキンとズッキーニのバルサミコスープ ・・・・・・・ *P.038*
オクラと長芋の黒酢和風スープ ・・・・・・・・・・ *P.074*
ゆずこしょうのグリーンカレースープ ・・・・・・・・ *P.112*
トムヤムみそスープ ・・・・・・・・・・・・・・・ *P.129*
桜えびととろろ昆布のすりごまチゲスープ ・・・・・・ *P.162*
▶かいわれ大根
ささみと水菜のおろしポン酢スープ ・・・・・・・・ *P.065*
▶かぶ
ポトフ風具だくさんスープ ・・・・・・・・・・・・ *P.048*
さけといくらの粕汁 ・・・・・・・・・・・・・・・ *P.070*
かぶとベーコンの白みそスープ ・・・・・・・・・・ *P.076*
小松菜としらすのゆず豆乳スープ ・・・・・・・・・ *P.092*
▶かぼちゃ
かぼちゃとクリームチーズのポタージュ ・・・・・・・ *P.179*
▶カリフラワー
鶏肉とカリフラワーのレモンクリームスープ ・・・・・ *P.025*
カリフラワーと里芋の煮っころがしスープ ・・・・・・ *P.085*
カリフラワーとゴルゴンゾーラのポタージュ ・・・・・ *P.172*
▶絹さや
豚肉ときのこの梅肉スープ ・・・・・・・・・・・・ *P.066*
▶キャベツ
ペペロンチーノ風あさりスープ ・・・・・・・・・・ *P.014*
塩豚といんげん豆のハーブスープ ・・・・・・・・・ *P.030*
豚肉とまいたけのアンチョビバタースープ ・・・・・・ *P.031*
豚肉とキャベツのガーリックバタースープ ・・・・・・ *P.032*
緑野菜と雑穀のスープ ・・・・・・・・・・・・・・ *P.039*
キャベツのトマトカレースープ ・・・・・・・・・・ *P.040*
ロールキャベツの煮込みスープ ・・・・・・・・・・ *P.046*
とうもろこしとキャベツのみそバタースープ ・・・・・ *P.086*
ガパオ風半熟卵のスープ・・・・・・・・・・・・・ *P.118*
▶きゅうり
ささみと水菜のおろしポン酢スープ ・・・・・・・・ *P.065*
あじのすりごま冷製スープ ・・・・・・・・・・・・ *P.068*
サルサ風ガスパチョ ・・・・・・・・・・・・・・・ *P.120*
ささみときゅうりの花椒スープ ・・・・・・・・・・ *P.154*
▶グリーンピース
鶏そぼろと冬瓜の塩スープ ・・・・・・・・・・・・ *P.060*
パクチーえびワンタンスープ ・・・・・・・・・・・ *P.152*
▶クレソン
豚肉とクレソンの山芋スープ ・・・・・・・・・・・ *P.117*
▶小ねぎ
明太クリームスープ ・・・・・・・・・・・・・・・ *P.018*
ごろごろ具材のすりごまみそマヨサラダ ・・・・・・・ *P.048*
豚そぼろと高菜のピリ辛スープ・・・・・・・・・・・ *P.062*
揚げなすと切り干し大根の薬味スープ ・・・・・・・ *P.080*
レモングラス鶏飯 ・・・・・・・・・・・・・・・ *P.110*
しじみとパクチーのスープ ・・・・・・・・・・・・ *P.126*
豚肉の具だくさん納豆スープ ・・・・・・・・・・・ *P.140*
台湾風豆乳スープ ・・・・・・・・・・・・・・・・ *P.159*
▶ゴーヤ
ゴーヤの肉詰めスープ ・・・・・・・・・・・・・・ *P.116*

185

▶ごぼう

根菜とかつお節のミネストローネスープ	P.082
4種根菜のしょうがスープ	P.084
野菜たっぷり！　けんちん汁	P.088
春菊の豚汁スープ	P.091
ごぼうとれんこんのきんぴら風ピリ辛スープ	P.094
鶏そぼろと根菜の韓国のりスープ	P.138

▶小松菜

小松菜としらすのゆず豆乳スープ	P.092
鶏肉とトマトの塩麹サンラータン	P.150

▶さつまいも

鶏肉と根菜のしょうゆバタースープ	P.064
手羽元とさつまいものレッドカレースープ	P.114
さつまいもとコーンのポタージュ	P.177

▶里芋

さけといくらの粕汁	P.070
カリフラワーと里芋の煮っころがしスープ	P.085
枝豆と里芋の冷製ポタージュ	P.171

▶ししとう

焼きズッキーニとししとうのみそ汁	P.080

▶じゃがいも

クラムチャウダー	P.015
牡蠣チャウダー	P.016
明太クリームスープ	P.018
たことじゃがいものガリシア風トマト煮込みスープ	P.021
キャベツのトマトカレースープ	P.040
ポトフ風具だくさんスープ	P.048
クミン香る、ポテトカレースープ	P.122
さばのカムジャタンスープ	P.161
パクチーの根っこポタージュ	P.170
ほうれん草のポテトポタージュ	P.176

▶春菊

春菊の豚汁スープ	P.091
春菊ときのこのトマトチゲスープ	P.163

▶ズッキーニ

なすとベーコンのラタトゥイユスープ	P.036
チキンとズッキーニのバルサミコスープ	P.038
焼きズッキーニとししとうのみそ汁	P.080
ゆずこしょうのグリーンカレースープ	P.112

▶セロリ

クラムチャウダー	P.015
牡蠣チャウダー	P.016
たことじゃがいものガリシア風トマト煮込みスープ	P.021
鶏肉とセロリのレモンペッパースープ	P.024
鶏肉とカリフラワーのレモンクリームスープ	P.025
鶏ひき肉とヤングコーンのジェノバスープ	P.042
オニオントマトスープ	P.044
ポトフ風具だくさんスープ	P.048
ルーロンハン風煮込みスープ	P.115
サルサガスパチョ	P.120
いかのブイヤベース風レッドカレースープ	P.126
カリフラワーとゴルゴンゾーラのポタージュ	P.172
えびトマトクリームポタージュ	P.174

▶大根

ささみと水菜のおろしポン酢スープ	P.065
根菜とかつお節のミネストローネスープ	P.082
4種根菜のしょうがスープ	P.084
野菜たっぷり！　けんちん汁	P.088
春菊の豚汁スープ	P.091
野沢菜とわさびのたらこスープ	P.093
豚しゃぶのみぞれスープ かぼす風味	P.097
レモングラスの手羽先スープ	P.110
ユッケジャンスープ	P.134
鶏そぼろと根菜の韓国のりスープ	P.138

▶たけのこ（水煮）

4種きのこの黒酢サンラータン	P.144

▶玉ねぎ

クラムチャウダー	P.015
牡蠣チャウダー	P.016
たことじゃがいものガリシア風トマト煮込みスープ	P.021
ミートボールのストロガノフ	P.022
鶏肉とカリフラワーのレモンクリームスープ	P.025
鶏肉ときのこのトマトシチュー	P.026
照り焼きチキンのクリームスープ	P.033
煮込みハンバーグのココナッツクリームスープ	P.034
チキンとズッキーニのバルサミコスープ	P.038
緑野菜と雑穀のスープ	P.039
キャベツのトマトカレースープ	P.040
オニオントマトスープ	P.044
スペイン風にんにくスープ	P.045
ロールキャベツの煮込みスープ	P.046
ポトフ風具だくさんスープ	P.048
ほうれん草とチーズのカルボナーラ仕立てスープ	P.050
カマンベールチーズのオニオングラタンスープ	P.052
オニオンクリーミーポタージュ	P.052
鶏肉と根菜のしょうゆバタースープ	P.064
焼きズッキーニとししとうのみそ汁	P.080
根菜とかつお節のミネストローネスープ	P.082
野菜たっぷり！　けんちん汁	P.088
塩麹つくねのわかめスープ	P.096
ルーロンハン風煮込みスープ	P.115
ガパオ風半熟卵のスープ	P.118
クミン香る、ポテトカレースープ	P.122
メキシコ風チリコンカンスープ	P.123
いかのブイヤベース風レッドカレースープ	P.126
鶏そぼろと根菜の韓国のりスープ	P.138
さばのカムジャタンスープ	P.161
3種きのこの和風チャウダー	P.168
枝豆と里芋の冷製ポタージュ	P.171
カリフラワーとゴルゴンゾーラのポタージュ	P.172
えびトマトクリームポタージュ	P.174
栗とひよこ豆のポタージュ	P.178
かぼちゃとクリームチーズのポタージュ	P.179

▶チンゲン菜

魚介とチンゲン菜のあんかけスープ	P.156

▶冬瓜

鶏そぼろと冬瓜の塩スープ	P.060

▶豆苗
蒸し鶏と豆苗のねぎ塩スープ ・・・・・・・・・・・・・・・ *P.151*

▶とうもろこし
とうもろこしとキャベツのみそバタースープ ・・・・・・ *P.086*
さつまいもとコーンのポタージュ ・・・・・・・・・・・・・ *P.177*

▶トマト
オニオントマトスープ ・・・・・・・・・・・・・・・・・・・ *P.044*
サルサ風ガスパチョ ・・・・・・・・・・・・・・・・・・・・ *P.120*
鶏肉とトマトの塩麹サンラータン ・・・・・・・・・・・・・ *P.150*
春菊ときのこのトマトチゲスープ ・・・・・・・・・・・・・ *P.163*
スイカとトマトのスープ ・・・・・・・・・・・・・・・・・・ *P.183*

▶長芋
オクラと長芋の黒酢和風スープ ・・・・・・・・・・・・・・ *P.074*

▶長ねぎ
さばと餅の焦がしみそスープ ・・・・・・・・・・・・・・・ *P.071*
揚げだし豆腐のゆずこしょうスープ ・・・・・・・・・・・・ *P.089*
牛そぼろとわかめのスープ ・・・・・・・・・・・・・・・・ *P.136*
手羽先のサンゲタンスープ ・・・・・・・・・・・・・・・・ *P.142*
麻婆肉豆腐のコク辛スープ ・・・・・・・・・・・・・・・・ *P.146*
蒸し鶏と豆苗のねぎ塩スープ ・・・・・・・・・・・・・・・ *P.151*
たらと明太子のチゲバタースープ ・・・・・・・・・・・・・ *P.160*
チョリソーと白菜のプデチゲ風スープ ・・・・・・・・・・・ *P.164*

▶なす
なすとベーコンのラタトゥイユスープ ・・・・・・・・・・・ *P.036*
あじのすりごま冷製スープ ・・・・・・・・・・・・・・・・ *P.068*
揚げなすと切り干し大根の薬味スープ ・・・・・・・・・・・ *P.081*
なすの黒ごま坦々スープ ・・・・・・・・・・・・・・・・・ *P.139*

▶ニラ
なすの黒ごま坦々スープ ・・・・・・・・・・・・・・・・・ *P.139*
四川風坦々春雨スープ ・・・・・・・・・・・・・・・・・・ *P.148*
チョリソーと白菜のプデチゲ風スープ ・・・・・・・・・・・ *P.164*

▶にんじん
牡蠣チャウダー ・・・・・・・・・・・・・・・・・・・・・ *P.016*
オニオントマトスープ ・・・・・・・・・・・・・・・・・・・ *P.044*
ソーセージと温野菜の粒マスタードスープ ・・・・・・・・・ *P.047*
鶏肉と根菜のしょうゆバタースープ ・・・・・・・・・・・・ *P.064*
根菜とかつお節のミネストローネスープ ・・・・・・・・・・ *P.082*
4種根菜のしょうがスープ ・・・・・・・・・・・・・・・・ *P.084*
野菜たっぷり！ けんちん汁 ・・・・・・・・・・・・・・・ *P.088*
春菊の豚汁スープ ・・・・・・・・・・・・・・・・・・・・ *P.091*
四川風坦々春雨スープ ・・・・・・・・・・・・・・・・・・ *P.148*

▶にんにくの芽
砂肝とザーサイの中華風スープ ・・・・・・・・・・・・・・ *P.155*

▶白菜
ほたてとそら豆のクリームスープ ・・・・・・・・・・・・・ *P.020*
コンビーフと白菜の豆乳スープ ・・・・・・・・・・・・・・ *P.028*
ツナと水菜の和風トマトスープ ・・・・・・・・・・・・・・ *P.073*
豚しゃぶのみぞれスープ かぼす風味 ・・・・・・・・・・・ *P.097*
トムカーガイスープ ・・・・・・・・・・・・・・・・・・・ *P.106*
魚介とチンゲン菜のあんかけスープ ・・・・・・・・・・・・ *P.156*
チョリソーと白菜のプデチゲ風スープ ・・・・・・・・・・・ *P.164*

▶パクチー
グリーンカレー煮込みハンバーグ ・・・・・・・・・・・・・ *P.034*
トムヤムリゾット ・・・・・・・・・・・・・・・・・・・・ *P.106*
パクチー団子の柑橘スープ ・・・・・・・・・・・・・・・・ *P.108*
鶏肉とパクチーのライムスープ ・・・・・・・・・・・・・・ *P.109*
しじみとパクチーのスープ ・・・・・・・・・・・・・・・・ *P.126*
台湾風薬膳そぼろスープ ・・・・・・・・・・・・・・・・・ *P.149*
鶏肉とトマトの塩麹サンラータン ・・・・・・・・・・・・・ *P.150*
パクチーえびワンタンスープ ・・・・・・・・・・・・・・・ *P.152*
パクチーの根っこポタージュ ・・・・・・・・・・・・・・・ *P.170*
パイナップルとパクチーのスープ ・・・・・・・・・・・・・ *P.183*

▶パプリカ（赤・黄）
なすとベーコンのラタトゥイユスープ ・・・・・・・・・・・ *P.036*
スペイン風にんにくスープ ・・・・・・・・・・・・・・・・ *P.045*
ゆずこしょうのグリーンカレースープ ・・・・・・・・・・・ *P.112*
ガパオ風半熟卵のスープ ・・・・・・・・・・・・・・・・・ *P.118*
サルサ風ガスパチョ ・・・・・・・・・・・・・・・・・・・・ *P.120*

▶ブロッコリー
明太クリームスープ ・・・・・・・・・・・・・・・・・・・ *P.018*
緑野菜と雑穀のスープ ・・・・・・・・・・・・・・・・・・ *P.039*

▶ほうれん草
ほうれん草とチーズのカルボナーラ仕立てスープ ・・・ *P.050*
ゆずと湯葉のすまし汁 ・・・・・・・・・・・・・・・・・・ *P.078*
台湾風薬膳そぼろスープ ・・・・・・・・・・・・・・・・・ *P.149*
ほうれん草のポテトポタージュ ・・・・・・・・・・・・・・ *P.176*

▶豆もやし
ユッケジャンスープ ・・・・・・・・・・・・・・・・・・・ *P.134*
なすの黒ごま坦々スープ ・・・・・・・・・・・・・・・・・ *P.139*

▶水菜
ささみと水菜のおろしポン酢スープ ・・・・・・・・・・・・ *P.065*
鶏肉とちりめんじゃこの花椒スープ ・・・・・・・・・・・・ *P.067*
ツナと水菜の和風トマトスープ ・・・・・・・・・・・・・・ *P.073*

▶みつば
あさりとあおさの豆乳スープ ・・・・・・・・・・・・・・・ *P.072*

▶ミニトマト
アクアパッツァ風魚介スープ ・・・・・・・・・・・・・・・ *P.012*
チキンとズッキーニのバルサミコスープ ・・・・・・・・・・ *P.038*
ミニトマトの冷やしおでん風スープ ・・・・・・・・・・・・ *P.090*
グリーンカレースープ ・・・・・・・・・・・・・・・・・・ *P.104*
タイハーブ香る、レタスとトマトのスープ ・・・・・・・・・ *P.121*
ディルとあさりのナンプラースープ ・・・・・・・・・・・・ *P.124*

▶もやし
鶏肉とちりめんじゃこの花椒スープ ・・・・・・・・・・・・ *P.067*
豚肉の具だくさん納豆スープ ・・・・・・・・・・・・・・・ *P.140*
台湾風薬膳そぼろスープ ・・・・・・・・・・・・・・・・・ *P.149*

▶モロヘイヤ
桜えびとモロヘイヤのエスニックスープ ・・・・・・・・・・ *P.128*

▶山芋
きのこと山芋のすり流しスープ ・・・・・・・・・・・・・・ *P.079*
豚肉とクレソンの山芋スープ ・・・・・・・・・・・・・・・ *P.117*

▶ヤングコーン
鶏ひき肉とヤングコーンのジェノバスープ ・・・・・・・・・ *P.042*
グリーンカレースープ ・・・・・・・・・・・・・・・・・・ *P.104*

トムヤムみそスープ ・・・・・・・・・・・・・・・・・・・・・・ *P.129*

▶レタス
鶏肉とセロリのレモンペッパースープ ・・・・・・・・・ *P.024*
タイハーブ香る、レタスとトマトのスープ ・・・・・ *P.121*

▶れんこん
根菜とかつお節のミネストローネスープ ・・・・・・・ *P.082*
4種根菜のしょうがスープ ・・・・・・・・・・・・・・・・ *P.084*
ごぼうとれんこんのきんぴら風ピリ辛スープ ・・・・・ *P.094*
ルーロンハン風煮込みスープ ・・・・・・・・・・・・・・ *P.115*
スンドゥブ ・・・・・・・・・・・・・・・・・・・・・・・・・・・ *P.137*
しいたけとれんこんの肉詰めスープ ・・・・・・・・・ *P.141*

きのこ類

▶えのき
きのこと山芋のすり流しスープ ・・・・・・・・・・・・・ *P.079*
4種きのこの黒酢サンラータン ・・・・・・・・・・・・・ *P.144*

▶エリンギ
豚肉ときのこの梅肉スープ ・・・・・・・・・・・・・・・ *P.066*
豚肉の具だくさん納豆スープ ・・・・・・・・・・・・・・ *P.140*

▶しいたけ
豚肉ときのこの梅肉スープ ・・・・・・・・・・・・・・・ *P.066*
きのこと山芋のすり流しスープ ・・・・・・・・・・・・・ *P.079*
ルーロンハン風煮込みスープ ・・・・・・・・・・・・・・ *P.115*
しいたけとれんこんの肉詰めスープ ・・・・・・・・・ *P.141*
4種きのこの黒酢サンラータン ・・・・・・・・・・・・・ *P.144*
台湾風豆乳スープ ・・・・・・・・・・・・・・・・・・・・・・ *P.159*
春菊ときのこのトマトチゲスープ ・・・・・・・・・・・ *P.163*
3種きのこの和風チャウダー ・・・・・・・・・・・・・・ *P.168*

▶しめじ
鶏肉ときのこのトマトシチュー ・・・・・・・・・・・・・ *P.026*
豚肉ときのこの梅肉スープ ・・・・・・・・・・・・・・・ *P.066*
ゆずと湯葉のすまし汁 ・・・・・・・・・・・・・・・・・・・ *P.078*
グリーンカレースープ ・・・・・・・・・・・・・・・・・・・ *P.104*
春菊ときのこのトマトチゲスープ ・・・・・・・・・・・ *P.163*
3種きのこの和風チャウダー ・・・・・・・・・・・・・・ *P.168*

▶なめこ
きのこと山芋のすり流しスープ ・・・・・・・・・・・・・ *P.079*
4種きのこの黒酢サンラータン ・・・・・・・・・・・・・ *P.144*

▶まいたけ
豚肉とまいたけのアンチョビバタースープ ・・・・・ *P.031*
きのこと山芋のすり流しスープ ・・・・・・・・・・・・・ *P.079*
豚しゃぶのみぞれスープ かぼす風味 ・・・・・・・・ *P.097*

▶マッシュルーム（ブラウン・白）
鶏肉ときのこのトマトシチュー ・・・・・・・・・・・・・ *P.026*
照り焼きチキンのクリームスープ ・・・・・・・・・・・ *P.033*
3種きのこの和風チャウダー ・・・・・・・・・・・・・・ *P.168*
3種きのこの和風パスタ ・・・・・・・・・・・・・・・・・・ *P.168*

くだもの

▶いちご
いちごとヨーグルトのスープ ・・・・・・・・・・・・・・ *P.181*

▶無花果
無花果ポタージュ ・・・・・・・・・・・・・・・・・・・・・・ *P.182*

▶オリーブ（黒・種なし）
たことじゃがいものガリシア風トマト煮込みスープ ・・・ *P.021*

▶かぼす
豚しゃぶのみぞれスープ かぼす風味 ・・・・・・・・ *P.097*

▶キウイフルーツ
マスカットとキウイのスープ ・・・・・・・・・・・・・・ *P.180*

▶栗（むき甘栗）
栗とひよこ豆のポタージュ ・・・・・・・・・・・・・・・・ *P.178*

▶スイカ（種なし）
スイカとトマトのスープ ・・・・・・・・・・・・・・・・・・ *P.183*

▶すだち
パクチー団子の柑橘スープ ・・・・・・・・・・・・・・・ *P.108*

▶パイナップル
パイナップルとパクチーのスープ ・・・・・・・・・・・ *P.183*

▶マスカット（種なし）
マスカットとキウイのスープ ・・・・・・・・・・・・・・ *P.180*

▶桃
桃とバジルの冷製スープ ・・・・・・・・・・・・・・・・・ *P.181*

▶ゆず
ゆずと湯葉のすまし汁 ・・・・・・・・・・・・・・・・・・・ *P.078*
小松菜としらすのゆず豆乳スープ ・・・・・・・・・・・ *P.092*

▶ライム
鶏肉とパクチーのライムスープ ・・・・・・・・・・・・・ *P.109*
マスカットとキウイのスープ ・・・・・・・・・・・・・・ *P.180*

▶レモン
アクアパッツァ風魚介スープ ・・・・・・・・・・・・・・ *P.012*
鶏肉とセロリのレモンペッパースープ ・・・・・・・・ *P.024*
鶏肉とカリフラワーのレモンクリームスープ ・・・・・ *P.025*
トムカーガイスープ ・・・・・・・・・・・・・・・・・・・・・ *P.106*
ディルとあさりのナンプラースープ ・・・・・・・・・・ *P.124*
かぼちゃとクリームチーズのポタージュ ・・・・・・・ *P.179*

卵、乳製品

▶ココナッツミルク
煮込みハンバーグのココナッツクリームスープ ・・・・・・ *P.034*
グリーンカレースープ ・・・・・・・・・・・・・・・・・・・ *P.104*
トムカーガイスープ ・・・・・・・・・・・・・・・・・・・・・ *P.106*
ゆずこしょうのグリーンカレースープ ・・・・・・・・・ *P.112*
手羽元とさつまいものレッドカレースープ ・・・・・ *P.114*
パイナップルとパクチーのスープ ・・・・・・・・・・・ *P.183*

▶卵（温泉卵も含む）
ミートボールのストロガノフ ・・・・・・・・・・・・・・・ *P.022*
煮込みハンバーグのココナッツクリームスープ ・・・・・・ *P.034*
スペイン風にんにくスープ ・・・・・・・・・・・・・・・・ *P.045*
ロールキャベツの煮込みスープ ・・・・・・・・・・・・ *P.046*
ほうれん草とチーズのカルボナーラ仕立てスープ ・・・・ *P.050*
豚肉ときのこの梅肉スープ ・・・・・・・・・・・・・・・ *P.066*
塩麹鶏つくねのわかめスープ ・・・・・・・・・・・・・・ *P.096*
ガパオ風半熟卵のスープ ・・・・・・・・・・・・・・・・・ *P.118*
ユッケジャンスープ ・・・・・・・・・・・・・・・・・・・・・ *P.134*

スンドゥブ ・・・・・・・・・・・・・・・・・・・・・・・ *P.137*
しいたけとれんこんの肉詰めスープ ・・・・・・・・ *P.141*
サンラータン卵おじや ・・・・・・・・・・・・・・・・ *P.143*
鶏肉とトマトの塩麹サンラータン ・・・・・・・・ *P.150*
かにのかき玉スープ ・・・・・・・・・・・・・・・・・・ *P.158*

▶豆乳（無調整）
コンビーフと白菜の豆乳スープ ・・・・・・・・・・ *P.028*
かぶとベーコンの白みそスープ ・・・・・・・・・・ *P.076*
小松菜としらすのゆず豆乳スープ ・・・・・・・・ *P.092*
台湾風豆乳スープ ・・・・・・・・・・・・・・・・・・・・ *P.159*
カリフラワーとゴルゴンゾーラのポタージュ ・・ *P.172*
ほうれん草のポテトポタージュ ・・・・・・・・・・ *P.176*

▶ヨーグルト（無糖）
いちごとヨーグルトのスープ ・・・・・・・・・・・・ *P.181*
無花果ポタージュ ・・・・・・・・・・・・・・・・・・・・ *P.182*
パイナップルとパクチーのスープ ・・・・・・・・ *P.183*

乾物、穀物、のりなど

▶あおさ
あさりとあおさの豆乳スープ ・・・・・・・・・・・・ *P.072*

▶あじ（干物）
あじのすりごま冷製スープ ・・・・・・・・・・・・・・ *P.068*

▶あたりめ
ツナと水菜の和風トマトスープ ・・・・・・・・・・ *P.073*

▶梅干し
豚肉ときのこの梅肉スープ ・・・・・・・・・・・・・・ *P.066*

▶カシューナッツ（無塩）
台湾風豆乳スープ ・・・・・・・・・・・・・・・・・・・・ *P.159*

▶韓国のり
鶏そぼろと根菜の韓国のりスープ ・・・・・・・・ *P.138*

▶きくらげ
4種きのこの黒酢サンラータン ・・・・・・・・・・ *P.144*

▶切り干し大根
揚げなすと切り干し大根の薬味スープ ・・・・・・ *P.080*

▶こぶみかんの葉（乾燥）
鶏肉とパクチーのライムスープ ・・・・・・・・・・ *P.109*
ゴーヤの肉詰めスープ ・・・・・・・・・・・・・・・・ *P.116*
ガパオ風半熟卵のスープ ・・・・・・・・・・・・・・ *P.118*
タイハーブ香る、レタスとトマトのスープ ・・ *P.121*
しじみとパクチーのスープ ・・・・・・・・・・・・・・ *P.126*

▶雑穀ミックス（今回は十六穀米）
緑野菜と雑穀のスープ ・・・・・・・・・・・・・・・・ *P.037*

▶塩昆布
鶏肉とちりめんじゃこの花椒スープ ・・・・・・・・ *P.067*

▶ちりめんじゃこ
鶏肉とちりめんじゃこの花椒スープ ・・・・・・・・ *P.067*
台湾風豆乳スープ ・・・・・・・・・・・・・・・・・・・・ *P.159*

▶とろろ昆布
豚そぼろと高菜のピリ辛スープ ・・・・・・・・・・ *P.062*
桜えびととろろ昆布のすりごまチゲスープ ・・ *P.162*

▶春雨
春雨ネバネバ黒酢スープ ・・・・・・・・・・・・・・ *P.074*
四川風坦々春雨スープ ・・・・・・・・・・・・・・・・ *P.148*

▶干しえび
豚肉とクレソンの山芋スープ ・・・・・・・・・・・・ *P.117*
台湾風豆乳スープ ・・・・・・・・・・・・・・・・・・・・ *P.159*

▶干し貝柱
ほたてとそら豆のクリームスープ ・・・・・・・・ *P.020*
手羽先のサンゲタンスープ ・・・・・・・・・・・・・・ *P.142*

▶干ししいたけ
野菜たっぷり！ けんちん汁 ・・・・・・・・・・・・ *P.088*
ユッケジャンスープ ・・・・・・・・・・・・・・・・・・ *P.134*

▶芽ひじき
4種根菜のしょうがスープ ・・・・・・・・・・・・・・ *P.084*

▶湯葉
ゆずと湯葉のすまし汁 ・・・・・・・・・・・・・・・・ *P.078*

▶わかめ
塩麹鶏つくねのわかめスープ ・・・・・・・・・・・・ *P.096*
牛そぼろとわかめのスープ ・・・・・・・・・・・・・・ *P.136*

大豆、大豆製品、発酵食品

▶厚揚げ豆腐
野菜たっぷり！ けんちん汁 ・・・・・・・・・・・・ *P.088*
魚介とチンゲン菜のあんかけスープ ・・・・・・・・ *P.156*

▶カマンベールチーズ
カマンベールチーズのオニオングラタンスープ ・・・・ *P.052*

▶クリームチーズ
かぼちゃとクリームチーズのポタージュ ・・・・・・・・ *P.179*
桃とバジルの冷製スープ ・・・・・・・・・・・・・・ *P.180*

▶ゴルゴンゾーラ
カリフラワーとゴルゴンゾーラのポタージュ ・・・・・・ *P.172*

▶スライスチーズ（とろけるタイプ）
チョリソーと白菜のプチチゲ風スープ ・・・・・・ *P.164*
プチチゲ風ラーメン ・・・・・・・・・・・・・・・・・・ *P.164*

▶豆腐（絹、木綿、おぼろ）
湯豆腐の鶏そぼろあんかけ ・・・・・・・・・・・・・・ *P.060*
あじのすりごま冷製スープ ・・・・・・・・・・・・・・ *P.068*
あさりとあおさの豆乳スープ ・・・・・・・・・・・・ *P.072*
揚げだし豆腐のゆずこしょうスープ ・・・・・・・・ *P.089*
スンドゥブ ・・・・・・・・・・・・・・・・・・・・・・・ *P.137*
麻婆肉豆腐のコク辛スープ ・・・・・・・・・・・・・・ *P.146*
台湾風豆乳スープ ・・・・・・・・・・・・・・・・・・・・ *P.159*
たらと明太子のチゲバタースープ ・・・・・・・・ *P.160*
春菊ときのこのトマトチゲスープ ・・・・・・・・ *P.163*

▶納豆
豚肉の具だくさん納豆スープ ・・・・・・・・・・・・ *P.140*

▶白菜キムチ
ユッケジャンスープ ・・・・・・・・・・・・・・・・・・ *P.134*
スンドゥブ ・・・・・・・・・・・・・・・・・・・・・・・ *P.137*

▶パルメザンチーズ（粉末）
牡蠣のクリームパスタ ・・・・・・・・・・・・・・・・ *P.016*

189

キャベツのトマトカレースープ ・・・・・・・・・・・・・・・・ *P.040*
ジェノバペースト ・・・・・・・・・・・・・・・・・・・・・・・・・・ *P.042*
ミネストローネのショートパスタ ・・・・・・・・・・・・・・・ *P.082*
トムヤムリゾット ・・・・・・・・・・・・・・・・・・・・・・・・・・・ *P.106*
カリフラワーとゴルゴンゾーラのリゾット ・・・・・・・・・・ *P.172*
えびトマトクリームポタージュ ・・・・・・・・・・・・・・・・・ *P.174*

▶ピザ用チーズ（とろけるタイプ）
明太クリームリゾット ・・・・・・・・・・・・・・・・・・・・・・・ *P.018*
ほうれん草とチーズのカルボナーラ仕立てスープ ・・・・ *P.050*
オニオンクリーミーポタージュ ・・・・・・・・・・・・・・・・・ *P.052*
かぶの豆乳和風リゾット ・・・・・・・・・・・・・・・・・・・・・ *P.076*
グリーンカレースープ ・・・・・・・・・・・・・・・・・・・・・・・ *P.104*
チョリソーと白菜のプデチゲ風スープ ・・・・・・・・・・・ *P.164*

▶焼き豆腐
豚しゃぶのみぞれスープ かぼす風味 ・・・・・・・・・・・・ *P.097*

缶詰、加工品、冷凍食品など

▶青汁（粉末）
緑野菜と雑穀のスープ ・・・・・・・・・・・・・・・・・・・・・・ *P.039*

▶アンチョビフィレ
アクアパッツァ風魚介スープ ・・・・・・・・・・・・・・・・・・ *P.012*
たことじゃがいものガリシア風トマト煮込みスープ ・・・ *P.021*
豚肉とまいたけのアンチョビバタースープ ・・・・・・・・ *P.031*
ジェノバペースト ・・・・・・・・・・・・・・・・・・・・・・・・・・ *P.042*

▶うずら（水煮）
魚介とチンゲン菜のあんかけスープ ・・・・・・・・・・・・ *P.156*

▶かに缶（水煮）
かにのかき玉スープ ・・・・・・・・・・・・・・・・・・・・・・・・ *P.158*

▶こんにゃく
春菊の豚汁スープ ・・・・・・・・・・・・・・・・・・・・・・・・・ *P.091*

▶コンビーフ缶
コンビーフと白菜の豆乳スープ ・・・・・・・・・・・・・・・・ *P.028*

▶さば缶（みそ味・水煮）
さばと餅の焦がしみそスープ ・・・・・・・・・・・・・・・・・ *P.071*
さばのカムジャタンスープ ・・・・・・・・・・・・・・・・・・・ *P.161*

▶シーフードミックス（冷凍）
魚介とチンゲン菜のあんかけスープ ・・・・・・・・・・・・ *P.156*

▶白いんげん豆（水煮）
塩豚といんげん豆のハーブスープ ・・・・・・・・・・・・・・ *P.030*

▶そら豆（冷凍）
ほたてとそら豆のクリームスープ ・・・・・・・・・・・・・・・ *P.020*

▶大豆（缶詰・水煮）
ソーセージと温野菜の粒マスタードスープ ・・・・・・・・ *P.047*

▶ツナ缶（オイル漬け）
ツナと水菜の和風トマトスープ ・・・・・・・・・・・・・・・・ *P.073*

▶デミグラスソース缶
ミートボールのストロガノフ ・・・・・・・・・・・・・・・・・・ *P.022*

▶トマト缶（カット）
たことじゃがいものガリシア風トマト煮込みスープ ・・・ *P.021*

なすとベーコンのラタトゥイユスープ ・・・・・・・・・・・・ *P.036*
キャベツのトマトカレースープ ・・・・・・・・・・・・・・・・ *P.040*
オニオントマトスープ ・・・・・・・・・・・・・・・・・・・・・・・ *P.044*
スペイン風にんにくスープ ・・・・・・・・・・・・・・・・・・・ *P.045*
ツナと水菜の和風トマトスープ ・・・・・・・・・・・・・・・・ *P.073*
根菜とかつお節のミネストローネスープ ・・・・・・・・・・ *P.082*
メキシコ風チリコンカンスープ ・・・・・・・・・・・・・・・・ *P.123*
いかのブイヤベース風レッドカレースープ ・・・・・・・・・ *P.126*
春菊ときのこのトマトチゲスープ ・・・・・・・・・・・・・・・ *P.163*
えびトマトクリームポタージュ ・・・・・・・・・・・・・・・・・ *P.174*

▶トマトジュース（無糖）
サルサ風ガスパチョ ・・・・・・・・・・・・・・・・・・・・・・・・ *P.120*

▶トマトピューレ
鶏肉ときのこのトマトシチュー ・・・・・・・・・・・・・・・・ *P.026*

▶ひよこ豆（水煮）
栗とひよこ豆のポタージュ ・・・・・・・・・・・・・・・・・・・ *P.178*

▶ピーナッツバター
四川風坦々春雨スープ ・・・・・・・・・・・・・・・・・・・・・・ *P.148*

▶ほたて缶（水煮）
ほたてとそら豆のクリームスープ ・・・・・・・・・・・・・・・ *P.020*

▶もずく酢（黒酢）
オクラと長芋の黒酢和風スープ ・・・・・・・・・・・・・・・ *P.071*

▶バニラアイス
スイカとトマトのスープ ・・・・・・・・・・・・・・・・・・・・・ *P.182*

▶レッドキドニービーンズ（水煮）
メキシコ風チリコンカンスープ ・・・・・・・・・・・・・・・・ *P.123*

ペースト類、市販品など

▶カレールー（固形）
ラタトゥイユトマトカレー ・・・・・・・・・・・・・・・・・・・・ *P.036*

▶グリーンカレーペースト
グリーンカレー煮込みハンバーグ ・・・・・・・・・・・・・・ *P.034*
グリーンカレースープ ・・・・・・・・・・・・・・・・・・・・・・・ *P.104*

▶ザーサイ（瓶詰め）
砂肝とザーサイの中華風スープ ・・・・・・・・・・・・・・・ *P.155*
台湾風豆乳スープ ・・・・・・・・・・・・・・・・・・・・・・・・・ *P.159*

▶水餃子
きんぴら風水餃子 ・・・・・・・・・・・・・・・・・・・・・・・・・ *P.094*

▶高菜漬け
豚そぼろと高菜のピリ辛スープ ・・・・・・・・・・・・・・・・ *P.062*

▶トムヤムクンペースト
トムカーガイスープ ・・・・・・・・・・・・・・・・・・・・・・・・ *P.106*
トムヤムみそスープ ・・・・・・・・・・・・・・・・・・・・・・・・ *P.129*

▶野沢菜漬け
野沢菜とわさびのたらこスープ ・・・・・・・・・・・・・・・・ *P.093*

▶メンマ（瓶詰め）
ささみときゅうりの花椒スープ ・・・・・・・・・・・・・・・・ *P.154*

▶レッドカレーペースト
手羽元とさつまいものレッドカレースープ ・・・・・・・・・ *P.114*
いかのブイヤベース風レッドカレースープ ・・・・・・・・・ *P.126*

本書の制作にご協力頂いた企業の皆様

ストウブ（ツヴィリング J.A. ヘンケルス ジャパン）

今年で286年目を迎えるドイツ生まれのトータルキッチンブランドZWILLING（ツヴィリング）。洗練されたデザインと品質の高さはプロから家庭の料理好きまで、様々な人たちに愛されています。STAUB（ストウブ）は、2008年にZWILLINGグループになりました。フランス生まれのピコ・ココットは、素材の美味しさを引き出し、保温性に優れ、そのままでもテーブルにサーブできるデザイン性が魅力です。

■HP http://www.staub.jp　■TEL 0120-75-7155

BALLARINI（ツヴィリング J.A. ヘンケルス ジャパン）

127年もの間、Ballariniは金属製品の物づくりに真摯に向き合ってきました。創業当初は鳥かごや家庭用品を製造していましたが、今ではノンスティック加工で名高い調理ブランドに成長しました。Ballariniのフライパンは最高級の性能と使いやすさを提供し、誰でも簡単に美味しいお料理を作ることができます。

■HP http://zwilling.jp/special/ballarini/
■TEL 0120-75-7155

大地を守る会

大地を守る会は、日本の第一次産業を守り育て、人々の生命と健康を守り、持続可能な社会を創造するソーシャルビジネス（社会的企業）です。「自然環境と調和した、生命を大切にする社会の実現」のために、安全性とおいしさにこだわった農・畜・水産物、加工食品、雑貨等を日本全国約2,000名の契約生産者の元から皆様のお家の玄関先までお届けする宅配サービスなどを運営しています。現在、約46,000名にご利用頂いています（2017年3月時点）。

■HP http://www.daichi-m.co.jp/
■TEL 0120-158-183［受付時間：9:00～17:00（月～金）、9:00～13:00（土）］

茅乃舎

『茅乃舎（かやのや）』は福岡の里山にある「レストラン茅乃舎」を原点とする調味料・食品のお店です。料理人が監修した「茅乃舎だし」をはじめ、化学調味料・保存料無添加を基本とする商品を、全国21の店舗と通信販売・WEBを通じてお客様にお届けしています。昨年から米国でのWEB販売もスタート致しました。旬や歳時記を大切にしながら、食のよろこびを味わっていただけるレシピや料理の工夫もご提供しています。

■HP http://www.kayanoya.com
■TEL 0120-84-4000［受付時間：9:00～18:00（日祝日・年末年始休）］

エダジュン

パクチー料理研究家。管理栄養士。管理栄養士資格取得後、株式会社スマイルズ入社。Soup Stock Tokyoの本社業務に携わり、2013年に独立。固定概念にとらわれずに料理を楽しむことを大切にしている。著書に『クセになる! パクチーレシピブック』『エスニックつくりおき』(ともにPARCO出版)など。

撮影	福井裕子
デザイン	萩原美和
スタイリング	木村遥(STUDIO DUNK)
編集	太田菜津美(STUDIO PORTO)
料理アシスタント	関沢愛美

制作協力
株式会社デニオ総合研究所
ツヴィリング J.A. ヘンケルス ジャパン株式会社
オイシックスドット大地株式会社
株式会社久原本家

これ1品で献立いらず!
野菜たっぷり具だくさんの主役スープ150

2017年10月12日　発　行
2018年 2 月10日　第 3 刷

著　者	エダジュン
発行者	小川雄一
発行所	株式会社 誠文堂新光社 〒113-0033　東京都文京区本郷3-3-11 [編集]　電話 03-5800-3614 [営業]　電話 03-5800-5780 http://www.seibundo-shinkosha.net/
印刷所	株式会社　大熊整美堂
製本所	和光堂　株式会社

NDC　596
©2017,Edajun.
Printed in Japan

検印省略
万一落丁、乱丁本は、お取り替えいたします。本書掲載記事の無断転用を禁じます。また、本書に掲載された記事の著作権は著者に帰属します。これらを無断で使用し、展示・販売・レンタル・講習会等を行うことを禁じます。

本書のコピー、スキャン、デジタル化等の無断複製は、著作権法上での例外を除き、禁じられています。本書を代行業者等の第三者に依頼してスキャンやデジタル化することは、たとえ個人や家庭内での利用であっても、著作権法上認められません。

JCOPY 〈(社) 出版者著作権管理機構 委託出版物〉
本書を無断で複製複写 (コピー) することは、著作権法上での例外を除き、禁じられています。本書をコピーされる場合は、そのつど事前に、(社) 出版者著作権管理機構 (電話 03-3513-6969／FAX 03-3513-6979／e-mail:info@jcopy.or.jp) の許諾を得てください。

ISBN978-4-416-71715-8